云计算技术与应用丛书

计算机与云计算导论

许桂秋　王　瑞　农　铮◎主　编

梁海锋　迟殿委　汤　鑫◎副主编

人民邮电出版社

北　京

图书在版编目（CIP）数据

计算机与云计算导论 / 许桂秋，王瑞，农铮主编.
北京 ： 人民邮电出版社，2025. -- （云计算技术与应用
丛书）. -- ISBN 978-7-115-65437-3

Ⅰ. TP393.027

中国国家版本馆 CIP 数据核字第 20245L1Z66 号

内 容 提 要

本书从云计算的应用实践出发，采用类 Markdown 格式的编写模式，寓教于实操，阐述计算机和云计算的基础知识。

本书包括 8 个项目。前 5 个项目介绍计算机基础知识，分别是计算机基础知识概述、操作系统基础、Word 文档编辑、数据处理与分析、计算机网络与互联网。后 3 个项目介绍云计算的基础知识，分别是云计算概述、虚拟化技术、Docker 容器技术。本书紧跟行业需求和发展现状，以业内的典型实践来设计和阐述相关内容，力求让读者全面、系统地了解计算机和云计算技术的基础内容。

本书可以作为高等学校云计算及其交叉融合专业的教学用书，也可以作为云计算领域从业者的参考用书，还可作为对计算机和云计算感兴趣的读者的兴趣读物。

◆ 主　编　许桂秋　王　瑞　农　铮
　　副主编　梁海锋　迟殿委　汤　鑫
　　责任编辑　张晓芬
　　责任印制　马振武

◆ 人民邮电出版社出版发行　　北京市丰台区成寿寺路 11 号
　　邮编　100164　电子邮件　315@ptpress.com.cn
　　网址　https://www.ptpress.com.cn

　　北京隆昌伟业印刷有限公司印刷

◆ 开本：787×1092　1/16
　　印张：12　　　　　　　　　　2025 年 9 月第 1 版
　　字数：263 千字　　　　　　　2025 年 9 月北京第 1 次印刷

定价：59.80 元

读者服务热线：(010)53913866　印装质量热线：(010)81055316
反盗版热线：(010)81055315

前言

随着信息技术的飞速发展，云计算作为一种新兴的计算模式，正在逐渐改变着我们的生活方式、工作方式，甚至思考方式。云计算不仅为企业提供了灵活、高效、低成本的计算服务，也为个人用户带来了极大便利。本书旨在为读者提供一个全面、系统的云计算知识体系，帮助读者更好地理解和应用云计算。

云计算技术为行业提供了灵活、可扩展的计算资源。通过云计算，企业可以根据需求快速获取和释放计算资源，无须投入大量资金购买和维护硬件设备，这种灵活性使企业能够更好地应对市场变化和业务需求，提高运营效率。同时，云计算技术推动了行业的数字化转型。通过云计算，企业可以实现业务的在线化、数据化和智能化，提高服务质量和工作效率。云计算技术还与其他新兴技术（如人工智能、物联网等）相结合，为行业带来了更多的创新应用和发展机遇。云计算的发展不能缺少专业人才的支撑。对云计算专业各层次人才的培养应格外重视。

本书高度重视读者实践能力的培养，项目的重要知识点大部分配有相应的实操案例演示，并配有步骤截图，为读者展示真实、详尽的云计算应用场景，便于读者自学。

编　者

2025 年 8 月

目录

项目一 计算机基础知识概述

1.1 项目要求

（1）实现计算机软硬件信息的查询。

（2）实现操作系统的安装及简单使用。

1.2 学习目标

☑ **技能目标**

（1）了解计算机的基本概念。

（2）了解计算机的编码。

（3）了解冯·诺依曼体系结构。

（4）掌握计算机软硬件系统及计算机的工作原理。

（5）掌握微型计算机系统的组成。

（6）掌握操作系统的概念、作用、功能及分类。

☑ **思政目标**

（1）通过计算机发展史和我国"银河""曙光"超级计算机的自主研发案例，引导读者感悟科学家攻坚克难的创新精神，增强科技报国的使命感和民族自豪感。

（2）以汉字编码标准（GB2312→GB18030→GBK）的演进为例，突出我国在信息技术领域的自主创新成果，引导读者理解技术标准与文化主权的关系，增强文化自信。

（3）通过介绍我国自主研发的操作系统，引导读者认识核心技术自主可控的重要性，增强民族科技自信与使命感。

（4）结合冯·诺依曼体系结构的"长期主导性"，启发读者思考：在遵循科学规律的同时，如何实现创新突破。

（5）以计算机硬件精密协作和系统资源管理为例，诠释"细节决定效能"的工程哲学，培养读者严谨专注的职业态度。

☑ **素养目标**

（1）通过二进制运算规则、进制转换和基本逻辑运算的实践，培养读者抽象建模、算法设计和逻辑分析的核心素养。

（2）基于汉字编码处理流程和 Unicode 多语言支持，强调信息处理中编码规范的重要性，引导读者遵守技术标准、尊重文化多样性。

（3）在操作系统安装实验中，培养读者跨平台环境下的实操技能，包括命令行工具、图形界面管理及问题排查能力。

（4）通过 Java/Python 的"HelloWorld"编程实践，强化代码编写、编译调试的基础工程素养。

（5）通过"冯·诺依曼体系结构至今仍适用"的案例，帮助读者理解基础理论的持久价值与持续创新的辩证关系。

1.3 相关知识

1.3.1 计算机的产生与发展

1. 计算机的产生

1946 年 2 月，世界上第一台电子数字积分计算机（electronic numerical integrator and computer，ENIAC）宣告研制成功。从第一台电子数字积分计算机诞生至今，按计算机所采用的逻辑元件来划分，计算机的发展经历了以下 4 个阶段。

第一阶段为 1946 年至 20 世纪 50 年代中期，计算机采用的基本物理元件是电子管。此阶段的计算机又称第一代计算机，其特点是体积庞大、成本很高、可靠性低、能耗高、运算速度慢，运算速度一般为几千次每秒，甚至几万次每秒。软件方面仅仅初步确定了程序设计的概念，主要使用机器语言，使用者必须用二进制编码的机器语言来编写程序。该阶段计算机的应用领域仅限于军事和科学计算。

第二阶段为 20 世纪 50 年代后期到 60 年代中期，计算机采用的基本物理元件是晶体管。主存储器采用磁芯存储器。辅助存储器开始使用磁盘，并有较多的外部设备作为可选项。此阶段的计算机又称晶体管计算机、第二代计算机。与第一代计算机相比，第二代计算机的体积缩小了、重量减轻了、成本降低了、存储容量扩大了、功能增强了、可靠性大大提高了。该阶段的计算机的运算速度提高到几万次每秒，甚至几十万次每秒。软件方面出现了高级程序设计语言，并采用了监控程序管理计算机，提出了操作系统的概念。第二代计算机的应用领域扩大到数据处理、事务管理和工程设计等方面。

第三阶段为 20 世纪 60 年代后期到 70 年代初期，计算机采用了中小规模集成电路作为主要功能部件，使计算机的体积大大缩小、成本进一步降低、能耗更低、可靠性更高、功能更加强大。该阶段的计算机运算速度已达到几十万次每秒，甚至几百万次每秒，而且内存容量大幅度增加。软件方面出现了多种高级程序设计语言，并开始使用操作系统，使计算机的管理和使用更加方便。这一阶段是计算机产品系列化、通用化、标准化的发展时期，这时的计算机被广泛用于科学计算、文字处理、自动控制与信息管理等方面。此阶段的计算机又称第三代计算机。

第四阶段从 20 世纪 70 年代中期至今，计算机采用大规模集成电路（large scale integration circuit，LSI）和超大规模集成电路（very large scale integration，VLSI）。计算机的存储容量、运算速度和功能都有极大的提高，其运算速度可达数亿次每秒，硬件和软件更加丰富和完善。软件方面发展出数据库系统、分布式操作系统、面向对象技术和高效可靠的高级程序设计语言。在系统结构方面，计算机网络、并行处理技术和分布式计算机系统等也有了很大的发展。此阶段的计算机又称第四代计算机。第四代计算机的应用领域非常广泛，已深入社会生产和生活的各个方面。

2．计算机的分类

根据计算机硬件、软件的规模及功能大小等综合指标，计算机分为个人计算机、工作站、小型计算机、大型计算机、巨型计算机等几类。其中，个人计算机的使用最为普及，而且针对个人计算机上开发的软件也最为丰富。个人计算机已广泛渗透到社会的各个领域。

（1）个人计算机

个人计算机是以微处理器为中央处理单元（central processing unit，CPU）的计算机。个人计算机诞生于 20 世纪 70 年代，发展到现在已有 50 多年的历史。

1971 年，英特尔公司成功研制出世界上第一块微处理器 4004（其字长只有 4 位），并利用该微处理器制成了世界上第一台微型计算机 MCS-4。该公司于 1972 年推出了 8008 处理器，于 1973 年推出了 8080 处理器，它们的字长均为 8 位。此后，许多公司也相继推出了各自的微处理器产品，字长也从 8 位、16 位、32 位发展到 64 位。

（2）工作站

工作站是介于个人计算机与小型计算机之间的一种高性能计算机，其运算速度比个人计算机快。它最突出的特点是图形功能强，具有很强的图形交互与处理能力。工作站主要用于专业领域，如图像处理、计算机辅助设计（computer aided design，CAD）等。工作站采用开放式系统结构，由各公司一般按照国际工业界流行标准进行设计和制造，并将机器的硬件、软件接口公开，以鼓励其他公司和用户开发相应的软件和硬件产品。多媒体技术的发展使工作站的应用领域扩展到商业、金融、办公自动化及网络服务器等领域。

（3）小型计算机

小型计算机的体积比大型计算机要小，具有结构简单、可靠性高、成本较低的特点。这类机器对运行环境的要求低，易于操作且便于维护，对中、小型企业用户有较大吸引力。

（4）大型计算机

大型计算机也称为大型通用机，这类机器的通用性强，有很强的综合处理能力，内存可达数吉字节（GB），系统可以是单处理机、多处理机或多个子系统的复合体，整机处理速度可达到 30 亿次每秒。目前，大型计算机主要应用在大型企业及科研单位，因此，业内一般将大型计算机称为企业级计算机。

（5）巨型计算机

巨型计算机也称为超级计算机，其运算速度快（可达万亿次每秒级别）、性能强、技术复杂、价格高。研制巨型计算机是进行科学研究、尖端技术研发的需要。巨型计算机一般应用在核武器研究、航天技术研发、石油勘探等方面，其研制水平、生产能力及应用程度已成为衡量一个国家（地区）经济实力和科技水平的重要标志。

我国自行研制了"银河"系列、"曙光"系列巨型计算机。"银河-Ⅳ"为万亿次巨型计算机，它的整体性能优越、系统软件高效、网络计算环境强大、可靠性设计独特、工程设计优良、运算速度可达 10000 亿次/s，其系统综合技术达到当时的国际先进水平。

1.3.2 计算机中信息的表示

1. 计算机为什么采用二进制编码

在现实生活中，人们计数时往往习惯使用十进制数，但电子计算机采用的是二进制数，其原因有很多。首先，受制于元件。我们知道组成电子计算机的基本元件是晶体管，它具有两种完全不一样的稳定状态（截止与导通或者高电平与低电平），因此只能表达出两种结果。其次，二进制的运算规则很简单，就加法运算而言，它只有4条规则。人们利用特殊技术把减法、乘法、除法等运算都转换成加法运算，这对简化CPU的设计非常有意义。如果采用十进制，那么CPU的设计将会变得非常复杂，这是因为十进制的运算规则远多于二进制的运算规则。再次，二进制在物理上很容易实现数据的存储。例如，磁极的取向、物体表面的凹凸、光照反射的有无等，很容易用两种状态来表示。最后，二进制便于逻辑判断（是或非），这是因为二进制的两个数正好与逻辑命题中的"真（ture）"和"假（false）"或称为"是（yes）"和"否（no）"相对应。正是由于以上原因，人们在计算机中采用二进制数，而不是采用熟知的十进制数。

2. 数据的存储单位

数据是信息的表达和载体，信息是数据的内涵，二者是形与质的关系。数据的存储单位有位、字节和字等。

（1）位

计算机中的位指二进制中的一个数字位，也是计算机中最小的信息计量单位（bit，它读作比特）。我们用"0"或"1"表示1 bit二进制信息。

（2）字节

一个字节（byte，B）由8个二进制数字位构成，1个字节的表示形式为1 B，即1 B = 8 bit。字节是计算机中存储信息的基本计量单位。计算机的存储容量是指该计算机所能存储的总字节数。字节单位太小，通常使用1 KB或更大的单位作为存储信息的计量单位，具体如下。

$$1 \text{ KB（千字节）} = 1024 \text{ B（字节）} = 2^{10} \text{ B}$$
$$1 \text{ MB（兆字节）} = 1024 \text{ KB（千字节）} = 2^{20} \text{ B}$$
$$1 \text{ GB（吉字节）} = 1024 \text{ MB（兆字节）} = 2^{30} \text{ B}$$
$$1 \text{ TB（太字节）} = 1024 \text{ GB（吉字节）} = 2^{40} \text{ B}$$
$$1 \text{ PB（拍字节）} = 1024 \text{ TB（太字节）} = 2^{50} \text{ B}$$

$$1 \text{ EB（艾字节）} = 1024 \text{ PB（拍字节）} = 2^{60} \text{ B}$$
$$1 \text{ ZB（泽字节）} = 1024 \text{ EB（艾字节）} = 2^{70} \text{ B}$$
$$1 \text{ YB（尧字节）} = 1024 \text{ ZB（泽字节）} = 2^{80} \text{ B}$$

（3）字

计算机在存储、传输、处理信息时，将一个信息单元的二进制数码组称为字（word）。字是信息交换、加工、存储的基本单元。

（4）字长

一个字中的二进制数的位数称为字长，常用的字长有 8 位、16 位、32 位、64 位等。字长越大，计算机一次处理信息的能力就越强、精度就越高、运算速度就越快，所以字长是计算机硬件的一项重要技术指标。

3．数制及数制之间的转换

计算机在进行数据的加工处理时，内部使用的数制是二进制，这是因为电子元件所具有的两个稳定状态可用来模拟二进制数中的“0”和“1”，使数据处理在电子元件中容易实现。人们最熟悉的数制是十进制。此外，为了理解和书写方便，人们还常常使用八进制和十六进制。但是，这些数制最终都要转化为二进制，才能在计算机内部进行数据的存储和加工。

（1）进位计数制

无论哪种进位计数制，它都有两个共同点：①按基数来进位和借位；②用位权值来计数。

不同的进位计数制是以基数来区分的，若用 R 表示基数，则有以下情况。

$R = 2$：二进制，有 2 个数码，即 0 和 1。

$R = 8$：八进制，有 8 个数码，即 0、1、2、3、4、5、6 和 7。

$R = 10$：十进制，有 10 个数码，即 0、1、2、3、4、5、6、7、8 和 9。

$R = 16$：十六进制，有 16 个数码，即 0、1、2、3、4、5、6、7、8、9、A、B、C、D、E 和 F。

位权值是指同一个数码出现在不同数位所代表的值大小是不相同的，即一个数所代表的值由两个因素决定：数码本身及其所在的数位。例如十进制数 25 和 215，第一个数中 2 表示的值大小为 20，第二个数中 2 表示的值大小为 200。

（2）数制转换

1）十进制数转换成二进制数

将十进制数转换成二进制数时，需要对整数部分和小数部分分别进行处理，然后将各自得到的结果组合，获得最后结果，具体转换步骤如下。

步骤 1：转换整数，采用除 2 取余法，将得到的余数按照其高低位顺序由后（下）向前（上）取。

步骤 2：转换小数，采用乘 2 取整法，将得到的整数按照其高低位顺序由前（上）向后（下）取。

步骤 3：将转换获得的整数和小数部分组合起来，即可得转换后的二进制数。

需要指出的是，一个十进制的小数不一定能完全准确地转换成二进制的小数。遇到这种情况，我们可以根据精度要求转换到小数点后的某一位即可。

2）二进制数转换为十进制数

二进制数转换成十进制数只需要采用按权展开乘幂求和的方法，例 1-1 展示了具体方法。

例 1-1：将二进制数$(111010.101)_2$转换成十进制数。

解：将二进制数$(111010.101)_2$按权展开乘幂求和可得

$$(111010.101)_2 = 1 \times 2^5 + 1 \times 2^4 + 1 \times 2^3 + 0 \times 2^2 + 1 \times 2^1$$
$$+ 0 \times 2^0 + 1 \times 2^{-1} + 0 \times 2^{-2} + 1 \times 2^{-3}$$
$$= 32 + 16 + 8 + 0 + 2 + 0 + 0.5 + 0 + 0.125$$
$$= (58.625)_{10}$$

3）二进制数转换成八进制数、十六进制数

二进制数虽然能被计算机直接接收和识别，但只有两个数码，在表示同等数值时比其他数制所占用的位数要长。例如，1 位十进制数 9 用二进制表示则需要 4 位，即 1001；2 位十进制数 99 则需要用 6 位二进制数 1100011 表示。在日常书写或阅读时，使用二进制数不方便且易出错，因此除了十进制，人们也常常使用八进制数或十六进制数来代替二进制数。这两种进制数和二进制数的转换可参与十进制的转换。

例 1-2 和例 1-3 展示了二进制数转换成八进制数和十六进制数的方法。

例 1-2：将二进制数$(111010.101)_2$转换成八进制数。

二进制数转换八进制数的规则为：每 3 位二进制数对应 1 位八进制数，其中，整数部分从右向左分组，小数部分从左向右分组，不足 3 位的末尾补 0。

整数部分 111010 的转换步骤如下。

步骤 1：从右向左分组，即 010（最右 3 位）→2，剩余 111→7

步骤 2：分组，即 111 010→111=(7)₈，010=(2)₈

步骤 3：得到整数转换结果(72)₈。

小数部分 101 的转换步骤如下。

从左向右分组，即 101。请注意，不足 3 位时末尾补 0。本数据已完整，不需要补 0。转换后的结果为 101=(5)₈

上述转换过程的等式形式为：

$$(111010.101)_2 = \underset{7}{111}\,\underset{2}{010}.\underset{5}{101} = (72.5)_8$$

例 1-3：将二进制数(111010.101)₂转换成十六进制数。

二进制数转换为十六进制的转换规则为：每 4 位二进制数对应 1 位十六进制数，其中，整数部分从右向左分组，小数部分从左向右分组，不足 4 位补 0。

整数部分 111010 的转换步骤如下。

步骤 1：从右向左分组，即 1010（最右 4 位）→(A)₁₆，剩余 11→补 0 成 0011→(3)₁₆

步骤 2：分组，即 0011 1010→0011=(3)₁₆，1010=(A)₁₆。

步骤 3：得到整数转换结果(3A)₁₆。

小数部分 101 的转换步骤如下。

从左向右分组，101→补 0，变成 1010→A₁₆

上述转换过程的等式形式为：

$$(111010.101)_2 = \underset{3}{0011}\,\underset{A}{1010}.\underset{A}{1010} = (3A\,A)_{16}$$

4）十进制数与其他进制数间的相互转换

十进制数与任意进制数之间相互转换的方法如下。

十进制数转换成任意进制数：将十进制数的整数、小数分别进行转换。整数部分采用除基数取余法，小数部分采用乘基数取整法，最后将转换结果组合起来。

任意进制数转换成十进制数：写出以该进制数的基数为底的按权展开式，乘幂求和算出该多项式的结果。

（3）计算机系统中常用的进位计数制

计算机系统中常用的进位计数制主要有十进制、二进制、八进制和十六进制，其特点见表 1-1。

表 1-1　计算机系统中常用进位计数制的特点

进位计数制	基数（R）	数码	位权值	规则	缩写字母
十进制	10	0、1、2、3、4、5、6、7、8、9	10^i	逢十进一	D（decimal）
二进制	2	0、1	2^i	逢二进一	B（binary）
八进制	8	0、1、2、3、4、5、6、7	8^i	逢八进一	O（octal）
十六进制	16	0、1、2、3、4、5、6、7、8、9、A、B、C、D、E、F	16^i	逢十六进一	H（hexadecimal）

4．计算机中的基本运算

计算机中的计算可以分为数值计算和非数值计算两大类。无论哪一种计算，也无论计算如何复杂，其本质都是通过一些基本运算来实现的，其中，重要的数值基本运算是四则运算，重要的非数值基本运算是基本逻辑运算。所有复杂的数值运算都可以用四则运算来实现，所有形式的逻辑运算都可以用基本逻辑运算（与、或、非）来实现。

（1）四则运算

在加、减、乘、除这 4 种运算中，最基本的运算是加法。我们知道，乘法可以由加法实现，除法可以由减法实现。其实在计算机中，减法也是由加法实现的，具体方法是使用补码。既然如此，除法自然也可以由加法实现，因此，从原理上说，计算机只要做加法运算，就可以完成各种数值运算。

二进制数的加法运算规则如下。

```
0 + 0 = 0, 1 + 0 = 1
0 + 1 = 1, 1 + 1 = 10
```

二进制数的乘法运算规则如下。

```
0 × 0 = 0, 1 × 0 = 0
0 × 1 = 0, 1 × 1 = 1
```

（2）基本逻辑运算

任何复杂的逻辑运算都可以由 3 种基本逻辑运算来实现，即由逻辑与、逻辑或、逻辑非（简称与、或、非）来实现。因为是二值逻辑，所以逻辑变量的取值和运算的结果只有真和假两个值。在计算机中，我们可以用"0"表示"假"，用"1"表示"真"。

基本逻辑运算的规则如下。

1）逻辑与运算规则

通常用"and"或"&&"表示逻辑与运算。逻辑与运算规则如下。

```
0 and 0 = 0, 0 and 1 = 0, 1 and 0 = 0, 1 and 1 = 1
```

从形式上看，以上规则类似于二进制数的乘法规则，但其语义是不同的。假设 A、B 分别表示一个命题，上面 4 条规则表示：只有当两个命题 A、B 都为真时，A 与 B 运算的结果才为真，其余情况运算结果皆为假。

2）逻辑或运算规则

通常用 "or" 或 "||" 表示逻辑或运算。逻辑或运算规则如下。

0 or 0 = 0, 0 or 1 = 1, 1 or 0 = 1, 1 or 1 = 1

从形式上看，以上规则类似于二进制数的加法规则。但实际上，上面 4 条规则表示：只有当两个命题 A、B 都为假时，A 或 B 运算的结果才为假，其余情况运算结果皆为真。

3）逻辑非运算规则

通常用 "not" 或 "!" 表示逻辑非运算，如 not A 或 ! A。逻辑非运算规则如下。

not 0 = 1, not 1 = 0

上面两条规则表示：当命题 A 为假时，非 A 运算结果为真；当命题 A 为真时，非 A 运算结果为假。

以上运算规则列成表则成为基本逻辑运算真值表，见表 1-2。该表表示逻辑变量取值与逻辑运算结果之间的关系。

表 1-2　基本逻辑运算真值表

A	B	A and B	A or B	not A
0	0	0	0	1
0	1	0	1	1
1	0	0	1	0
1	1	1	1	0

5．ASCII、汉字编码和其他编码

（1）ASCII

美国信息交换标准代码（American standard code for information interchange，ASCII）已被国际标准化组织（International Standards Organization，ISO）所采纳，成为国际通用信息交换标准代码。ASCII 在计算机内部占用一个字节，基本 ASCII 为 7 位（最高位为 0），扩充 ASCII 为 8 位。基本 ASCII 有 128 个编码，表示 128 个不同的字符，见表 1-3。在这 128 个字符中，95 个字符是可以显示的，其中包括大小写英文字母、阿拉伯数字、运算符号、标点符号等。另外的 33 个字符是不可显示的，它们是控制码，编码值为 0～31 和 127。

例如，"A"的 ASCII 表示为 01000001，"8"的 ASCII 表示为 00111000，回车符（CR）的 ASCII 表示为 00001101。

表 1-3 ASCII 码表

ASCII 值（十进制）	字符	ASCII 值（十进制）	字符	ASCII 值（十进制）	字符	ASCII 值（十进制）	字符
0	NUL	32	空格（space）	64	@	96	`
1	SOH	33	!	65	A	97	a
2	STX	34	"	66	B	98	b
3	ETX	35	#	67	C	99	c
4	EOT	36	$	68	D	100	d
5	ENQ	37	%	69	E	101	e
6	ACK	38	&	70	F	102	f
7	BEL	39	'	71	G	103	g
8	BS	40	(	72	H	104	h
9	HT	41	)	73	I	105	i
10	LF	42	*	74	J	106	j
11	VT	43	+	75	K	107	k
12	FF	44	,	76	L	108	l
13	CR	45	-	77	M	109	m
14	SO	46	.	78	N	110	n
15	SI	47	/	79	O	111	o
16	DLE	48	0	80	P	112	p
17	DC1	49	1	81	Q	113	q
18	DC2	50	2	82	R	114	r
19	DC3	51	3	83	S	115	s
20	DC4	52	4	84	T	116	t
21	NAK	53	5	85	U	117	u
22	SYN	54	6	86	V	118	v
23	ETB	55	7	87	W	119	w
24	CAN	56	8	88	X	120	x
25	EM	57	9	89	Y	121	y
26	SUB	58	:	90	Z	122	z
27	ESC	59	;	91	[	123	{
28	FS	60	<	92	\	124	|
29	GS	61	=	93	]	125	}
30	RS	62	>	94	^	126	~
31	US	63	?	95	_	127	DEL

（2）汉字编码

ASCII 只解决了英文字母和相关符号在计算机内的表示问题。如果用计算机处理中文，那么就必须解决中文字符的编码问题。

1980 年，我国颁布了国家标准 GB/T 2312—1980《信息交换用汉字编码字符集：基本集》，该标准给出的汉字编码简称国标码。用国标码表示的汉字信息在计算机中用 2 个字节的二进制编码表示。例如，用 2 个字节的二进制编码"0011000000100001"表示汉字"啊"。由于在基本 ASCII 中用"00110000"表示数字符号"0"，用"00100001"表示标点符号"！"，为了使计算机能够识别汉字编码信息和 ASCII 信息，将汉字编码的最高位设置为"1"，因此，"啊"的二进制编码为 1011000010100001。

国标码收进的字符共有 7445 个，包括 6763 个汉字和 682 个数字、序号、拉丁字母、运算符号、希腊字母、汉语拼音、特殊字符等，其中，一级常用汉字有 3755 个，二级常用汉字有 3008 个。一、二级汉字约占近代文献汉字累计使用频度的 99.99%。据统计，使用频度不足 0.001%的汉字数量接近 1 万个。为了满足实际应用的需要，我国先后多次对汉字编码国家标准进行修订，扩充了收录的汉字。

汉字国标扩展码（Chinese character GB extended code，GBK）基本上采用了原国家标准 GB/T 2312—1980 中所有的汉字及码位，并涵盖了 Unicode 中的 20902 个汉字，总共收录了 883 个符号、21003 个汉字，并提供了 1894 个造字码位。现有操作系统（如 Windows、Linux）的一些汉字环境中使用了 GBK 扩展标准字符集。该字符集与国家标准 GB/T 2312—1980 兼容，大量基于 GB/T 2312—1980 的文件和软件都可直接在 GBK 下使用和运行。同时，该字符集还包含了 ISO/IEC 10646 中已有的汉字，并自行扩充了 101 个汉字。

（3）其他编码

使用汉字的国家（地区），除了我国，还有日本和韩国（使用部分汉字）。为了解决多种内码并存所带来的问题，ISO 根据中日韩现有编码方案和汉字的使用情况，于 1992 年通过了包含中日韩三国文字的字符集，即 ISO/IEC 10646，也称为 Unicode 或 CJK（Chinese、Japanese、Korean）字符集。这个字符集被简单地称为大字符集，其中收录基本多文种平面（basic multilingual plane，BMP）表意文字区的中、日、韩统一汉字，共计 20902 字。在新标准中，各国文字使用定长编码，英文字符和汉字都是 10 位编码，在这种码制下开发的软件不必经过艰难的转化即可较为简易地扩充用于其他文种。

6. 汉字信息处理

计算机处理汉字的基本步骤包括汉字信息的输入、汉字信息的加工、汉字信息的输出，具体来说，就是汉字的输入、汉字的处理、汉字的输出 3 个步骤。汉字信息的处理过程如图 1-1 所示。

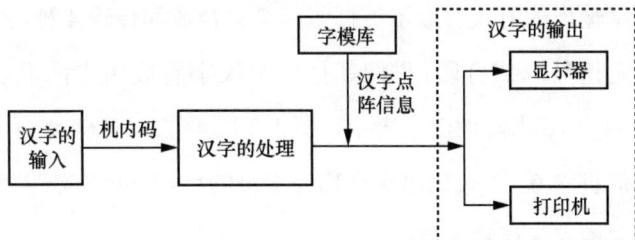

图 1-1　汉字信息的处理过程

（1）汉字信息的输入

要使用计算机处理汉字，就必须解决如何把汉字输入到计算机并在计算机中存储起来，即信息的输入问题。这涉及两方面，一方面要解决文字信息的编码问题，如前所述，英文字符的编码标准是 ASCII，汉字的编码标准有国标码；另一方面要解决如何按照编码标准将文字信息转换为计算机的机内码的问题。

计算机的键盘原本就是为输入英文而设计的，一个键对应一个或两个字符。只要按照字符按键，键盘的译码电路就会按照所按的键产生相应英文的 ASCII 表示，并输入到计算机的内存中。汉字的字符数目远远多于英文键盘按键的数目，因此要用几个键的组合来表示一个汉字，这种键的组合称为汉字输入编码。

目前国内外提出的汉字输入编码方案不下 500 种。编码长度、规则的复杂度、重码率等因素决定了不同编码方案的优劣。实际上流行的汉字编码输入方案只有十几种，它们对应不同的输入法。无论哪一种汉字输入编码方案，在具体实现时都要有软件的支持。汉字输入软件按照汉字编码标准（国标码）将键盘输入的编码转换为机内码，计算机就可以存储和处理汉字了。汉字编码输入的研究还在继续，不过研究的重点已经从编码方案转向为通过更好的软件技术和设计来实现重码少、适应面广、学习负担轻。在汉字编码输入方面，我国已经走在世界的前列。

（2）汉字信息的加工

为了对输入的文字进行编辑加工，人们必须使用相关的文字处理软件，如 Word 软件、写字板等。文字处理的工作主要有文本的增加、删除，以及字体、字号和版面布局设计等。

文字信息的处理是由人与机器共同完成的。文字信息加工的结果是编辑完成后的文本，它是输入的原始文本经过处理得到的。经过编辑的文本仍然以机内码表示。

（3）汉字信息的输出

汉字信息的输出是指将计算机内以数据形式表示的汉字在显示器、打字机等输出设备上输出的过程。汉字输出的方式有显示、打印、语音合成和传输 4 种。

输出汉字时，无论显示或打印，它们都把一个汉字看成由平面上点阵组成的图形。图 1-2 展示了一个 16×16 点阵的汉字表示，图 1-3 展示了一个 64×64 点阵的汉字表示。描述一个字符点阵信息的 0、1 代码串集合称为字符的字模，所有汉字和各种符号的点阵信息组成了汉字的字模库（简称字库）。

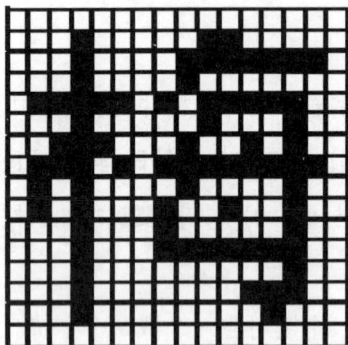

图 1-2　16×16 点阵的汉字表示

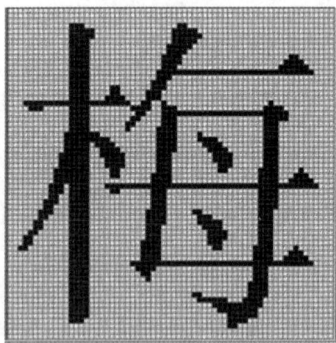

图 1-3　64×64 点阵的汉字表示

1.3.3　计算机系统的组成与工作原理

1. 冯·诺依曼体系结构

20 世纪 40 年代，在研制计算机的过程中，美籍匈牙利数学家冯·诺依曼提出了一个通用电子计算机设计方案。该方案的设计思想主要体现在以下方面：

- 采用二进制计数制；
- 程序和数据都存储在存储器中，将程序指令作为数据进行处理；
- 计算机的硬件由控制器、运算器、存储器、输入设备和输出设备组成。

如今，现代数字电子计算机系统在制造材料、运算速度、性能指标、应用领域等方面均发生了巨大的变化，但迄今为止，数字电子计算机的基本结构大多数仍然属于冯·诺依曼体系结构。一个完整的冯·诺依曼体系结构的计算机系统是由硬件系统和软件系统两大部分组成的，二者互相支持，配合工作，缺一不可。计算机系统的组成如图 1-4 所示。

计算机系统
- 硬件系统
  - 主机
    - 中央处理器（CPU）
      - 控制器
      - 运算器
    - 主存储器 —— RAM、ROM、缓存
  - 外部设备
    - 输入设备 —— 键盘、鼠标、扫描仪、光笔、触摸屏、条码读取器等
    - 输出设备 —— 显示器、打印机、绘图仪等
    - 辅助存储设备 —— 磁盘、磁带、光盘、U盘等
    - 其他外部设备 —— 网卡、调制解调器、声卡、摄像头等
- 软件系统
  - 系统软件
    - 操作系统 —— Windows、UNIX、Linux、macOS等
    - 语言处理系统 —— C、C++、Java、Python等
    - 数据库管理系统 —— Oracle、SQL Server、DB2、MySQL等
    - 服务程序 —— 诊断程序、纠错程序等
  - 应用软件 —— 办公软件包、管理信息系统、媒体播放器、浏览器、图像处理软件等

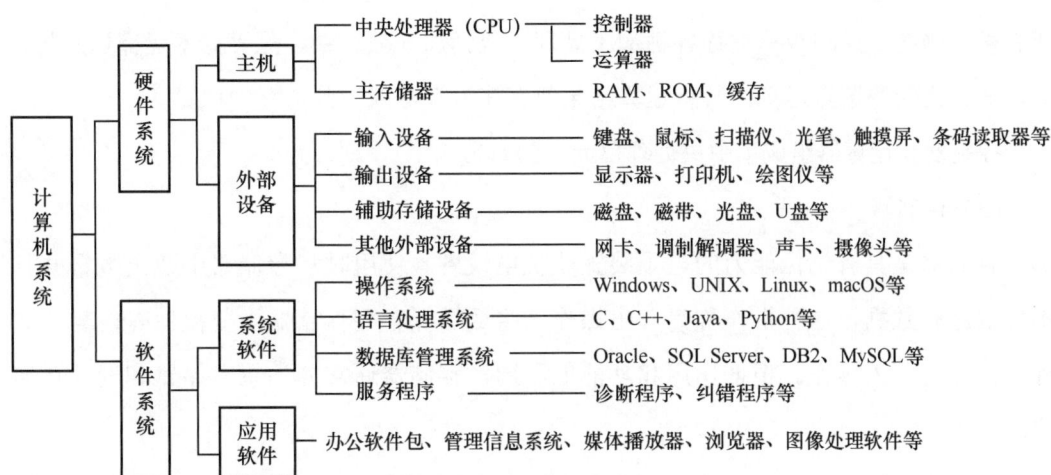

图1-4　计算机系统的组成

2. 计算机硬件系统

在计算机系统中，硬件系统是构成计算机系统各个功能部件（这些部件一般是由电子电路和机械设备构成的）的物理实体，是计算机能够工作的物质基础。一个计算机系统性能的高低在很大程度上取决于硬件的性能配置。

根据冯·诺依曼计算体系结构，计算机的硬件主要由五部分组成，具体如下。

（1）控制器

控制器是计算机系统的神经中枢和指挥中心，用于控制、指挥计算机系统各个部分协调工作。它的基本功能是从内存中取出指令，对指令进行分析，然后根据该指令的功能向有关部件发出控制命令，以完成该指令所规定的任务。

控制器主要由程序计数器、指令寄存器、指令译码器、操作控制电路和时序控制电路等组成，它们的主要功能如下。

程序计数器：对程序中的指令进行计数，使控制器能够按照一定的顺序依次读取指令。

指令寄存器：保存从内存中读取出来的指令。

指令译码器：识别、分析指令，确定指令的操作要求。

操作控制电路：根据指令译码，产生各种控制操作命令。

时序控制电路：生成脉冲时序信号，以协调、控制计算机各部件的工作。

（2）运算器

运算器是对信息进行加工处理的部件，主要由算术逻辑部件（arithmetic and logic unit，ALU）、累加器、寄存器等组成。运算器的功能是在控制器的控制下，对取自内存

或者寄存器的二进制数据进行各种加工处理，包括加、减、乘、除等算术运算以及与、或、非、比较等逻辑运算，再将运算结果暂存在寄存器或送到内存中保存。

控制器和运算器组成了中央处理单元（CPU）。

（3）存储器

存储器是具有记忆能力的电子装置或机电设备。使用时从存储器中取出数据并且不影响原有数据，这种操作称为读出操作；将数据保存到存储器中替换原有内容，此种操作称为写入操作。根据作用和功能的不同，存储器通常分为主存储器和辅助存储器两大类。

主存储器又称为内存储器，简称主存或内存，其主要功能是存储 CPU 要执行的程序、要处理的原始数据、处理后的中间结果和最终结果。CPU 和主存储器构成了计算机的主机。主存储器的特点是工作速度快、容量较小、价格较高。根据信息保存和工作特点的不同，主存储器又分为只读存储器、随机存取存储器、高速缓冲存储器 3 类。

只读存储器（read-only memory，ROM）中的数据在制作时或者安装前已经写入并固定在存储器中，只能读出，一般不能修改（写入），设备断电后也不会丢失。ROM 通常用于存储不需要经常改变的程序或数据。

随机存储器（random access memory，RAM）中的数据可以根据需要随意地写入或读出，但只要断电，其中保存的所有数据就会丢失。RAM 主要用于存储要执行的程序和需要加工处理的数据。冯·诺依曼体系结构的重要设计思想之一就是程序和数据都必须存储到主存储器中，以便被 CPU 执行和加工处理。

高速缓冲存储器是介于 CPU 和 RAM 之间的一种可以高速存取信息的存储器芯片，是 CPU 和 RAM 之间交换信息的桥梁，用于解决 CPU 和 RAM 之间工作速度的冲突问题，以提高整个系统的工作效率。

辅助存储器又称为外存储器，简称外存，是主存储器的补充和后援，主要用于存储计算机当前不处理的程序和大量的数据。保存在辅助存储器中的程序和数据只有在需要时才会被调入到 RAM 中。辅助存储器不与计算机系统的其他部件直接交换数据，只与 RAM 交换数据。辅助存储器容量大，保存的程序和数据在断电后也不会丢失，弥补了主存储器中 RAM 容量小、断电会丢失数据的缺陷。

常用的辅助存储器主要有软盘、硬盘、光盘、磁带、USB 闪存盘等。辅助存储器的特点是容量很大，信息可长期保存，但数据的读/写速度较慢。

（4）输入设备

输入设备是向计算机（内存）中输入程序、数据等各种信息的设备，其功能是将要输入的程序和数据转换成相应的电信号，让计算机能够接收。输入设备有键盘、鼠标、扫描仪等。

（5）输出设备

输出设备是将计算机的处理结果从内存中输出，并以用户能够接受的形式表示出来的设备，如显示器、打印机、绘图仪等。

输入设备、输出设备和辅助存储器等统称为计算机外部设备。计算机硬件系统结构如图 1-5 所示。

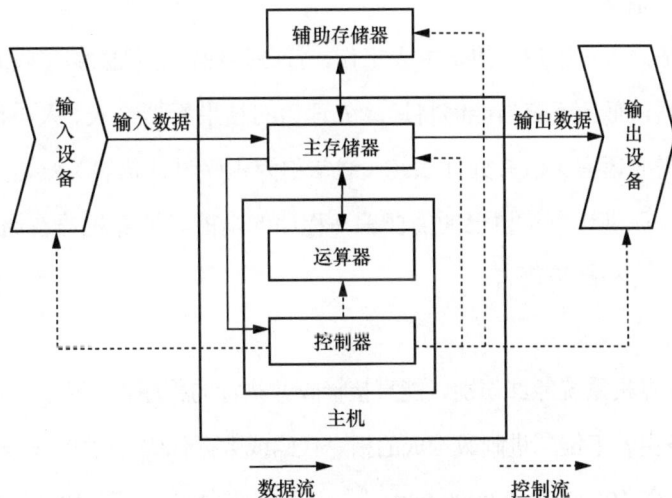

图 1-5　计算机硬件系统结构

3. 计算机软件系统

计算机的硬件系统（裸机）只有与软件系统密切配合，才能够正常工作和使用。计算机软件指的是操作、运行、管理、维护计算机所需的各种应用程序及其相关的数据和技术文档资料，其作用是方便用户使用计算机，充分且有效地发挥计算机的功能。软件系统性能的好坏会直接影响计算机的应用效果。

计算机软件系统内容丰富，人们通常将软件分为两大类：系统软件和应用软件。

系统软件指的是管理、监控、维护计算机的软硬件资源，使计算机系统能够高效工作的一组程序及文档资料。它由计算机软件生产商提供，主要包括操作系统、语言处理系统、数据库管理系统、服务程序等。

（1）操作系统

操作系统是管理、控制计算机系统的所有软硬件资源，提供用户与计算机交互的界面，方便用户操作、使用计算机系统的各种资源和功能，以最大限度地发挥计算机作用和效能的一组庞大的管理控制程序。操作系统具有包括四方面的管理功能：处理器管理、存储管理、设备管理和文件管理。

实际的操作系统根据应用对象、功能的侧重面和设计思想的不同，在结构和内容上存在很大差别。操作系统一般可分为早期的多道批处理系统、多用户多任务的分时系统、进行自动控制和信息处理的实时系统、单用户操作系统、网络操作系统、分布式操作系统等。常见的操作系统有 Windows、Linux、macOS 等。

（2）语言处理系统

要使计算机按照人（用户）的要求去工作，就必须使计算机能够接收并懂得输送给它的各种命令和数据，而且还应当能够将运算处理后的结果反馈给人。人与计算机之间的这种信息交流同样需要语言。语言处理系统（通常称为程序设计语言）就是人与计算机交流信息的语言工具，提供让人按自己的需要编写程序的功能。计算机语言通常分为三大类：机器语言、汇编语言和高级语言。

① 机器语言

机器语言是计算机系统能够识别、能直接接收并执行的程序设计语言。机器语言中的每一条语句就是一条由若干位二进制数构成的指令代码或数据代码。例如，在某 16 位计算机操作系统中，机器指令"0000 0010 0000 0001"的功能是做加法运算，"0000 0011 0000 0001"的功能是做减法运算。

机器语言的二进制指令代码（称为计算机指令系统）随着 CPU 型号的不同而不同，因此机器语言程序在不同的计算机系统之间无法实现通用，故人们将其称为面向机器的语言。

② 汇编语言

汇编语言也是一种面向机器的程序设计语言，是一种把机器语言符号化的语言。它采用一些有意义的缩写字母及符号（称为助记符）来表示机器语言中的指令和数据。例如，用 ADD 表示加法，LD（load）表示取数据，MOV 表示传送数据，XXH 表示两位十六进制的数据等。

汇编语言的每一条汇编语句相当于若干条机器指令，因此使用汇编语言编写的程序要比机器语言编写的程序简洁得多，这是因为汇编语言的语句和机器指令有对应关系，从而保留了机器语言的优点——执行速度快。汇编语言也是面向机器的语言，因此不能在不同的计算机系统之间通用。

用汇编语言编写的程序（源程序）不能被计算机直接识别、接收和执行，需要用汇编程序将其翻译成机器指令（目标程序）才能执行。汇编程序是一种语言处理程序，其翻译的过程称为汇编过程。汇编语言程序的执行过程如图 1-6 所示。

输入 → 汇编语言源程序 → 汇编程序进行汇编 → 机器语言目标程序 → 执行目标程序

图 1-6　汇编语言程序的执行过程

③ 高级语言

为了解决机器语言和汇编语言编程技术复杂、编程效率低、通用性差的问题，人们开发了高级语言。高级语言是面向解题过程或者面向对象的语言，采用命令关键字及表达式，按照一定的语法规则来编写程序，其语句比较接近自然语言和数学表达式。用高级语言编写的程序易读、易记、易维护且通用性强，便于推广和交流，从而大大提高了程序设计的效率。

常用的高级程序设计语言有 C、C++、Java、Python 等。用高级语言编写的程序（源程序）同样不能被计算机直接识别、接收和执行，需要用翻译程序将其翻译成机器指令程序（目标程序）才能执行。根据翻译方式的不同，翻译程序可分为两类：编译程序和解释程序。

编译程序的执行过程如图 1-7 所示。编译方式是一种先用编译程序将源程序完整地翻译成等价的目标程序，再执行该目标程序的方式。大部分高级语言采用编译方式，如 C、C++、Java 等。编译程序对源程序进行编译的过程比较长，程序的调试修改也比较麻烦，但编译后得到的目标程序的执行速度快，运行效率高。

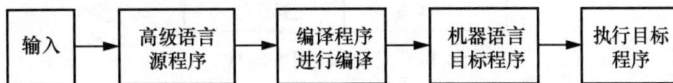

输入 → 高级语言源程序 → 编译程序进行编译 → 机器语言目标程序 → 执行目标程序

图 1-7　编译程序的执行过程

解释程序的执行过程如图 1-8 所示。解释方式是一种用解释程序将源程序逐句进行翻译，翻译一句执行一句，边翻译边执行的方式，它不产生目标程序。使用 Python 编写的程序就是以解释方式执行的。解释程序的运行速度慢、效率低，但提供了人机会话方式，易于调试和修改程序。

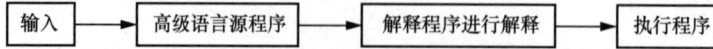

```
输入 → 高级语言源程序 → 解释程序进行解释 → 执行程序
```

图 1-8　解释程序的执行过程

编译程序和解释程序也都属于语言处理程序。

（3）数据库管理系统

数据库管理系统向用户提供按照一定的结构组织、管理、加工、处理各类数据的能力。常见的数据库管理系统有 Access、Oracle、SQL Server、MySQL 等。

（4）服务程序

服务程序是用于调试、检测、诊断、维护计算机软硬件的程序，如连接程序 Link，编辑程序 Editor，诊断测试程序 PCBench、WinBench、WinTest 等。

应用软件是在系统软件的支持下，针对某种专门的应用目的而设计编制的程序及相关文档。例如，文字处理软件 Word、WPS、WordStar，电子表格软件 Excel、WPS，图像处理软件 PhotoShop、CorelDraw、AutoCAD，媒体播放软件 RealPlayer、Windows Media Player，以及会计、财务、金融、人事、档案、图书、学籍、销售等管理信息系统，它们都是常见的应用软件。

4．计算机的工作原理

计算机的工作就是顺序执行存储在主存储器中的一系列指令。指令是一组能被计算机识别并执行的二进制数据代码，是让计算机完成某个操作的命令。一条指令通常由两部分组成：前面是操作码，后面是操作数，如图 1-9 所示。操作码指明该条指令要完成的操作，如加、减、乘、除等运算以及逻辑运算。操作数是指参加运算的数据或者数据所在的存储单元地址。

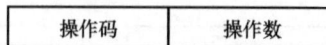

操作码	操作数

图 1-9　计算机指令组成

一台计算机所有指令的集合称为该计算机的指令系统。指令系统与计算机的 CPU 密切相关，反映并决定了计算机硬件系统的基本功能和主要性能。不同厂商生产的 CPU 不同，其指令系统也不相同。无论哪种类型的 CPU，其指令系统都应具有以下功能的指令。

数据传送指令：将数据在内存与 CPU 之间进行传送。

数据处理指令：对数据进行算术运算或逻辑运算。

程序控制指令：控制程序中指令的执行顺序，如条件转移、无条件转移、调用子程序、返回、暂停、终止等。

输入和输出指令：用于实现外部设备与主机之间的数据传输。

其他指令：对计算机系统的其他管理功能。

用户根据解决某项问题所需的步骤选择合适的指令，将它们一条一条地按照某种顺序进行排列，计算机依次执行这些指令序列，便可完成预定的任务。按照一定要求组织构成的可完成若干项操作的指令序列就是程序。

计算机的工作过程实际上就是执行指令的过程。计算机在执行指令的过程中，有两种数据在计算机系统的各部件之间流动，它们分别是数据流和控制流。

数据流指的是计算机处理的原始数据、中间结果数据、最终结果数据、源程序代码等。控制流是控制器对指令代码进行分析、解释后向计算机系统的各部件发出的控制命令，其作用是指挥整个计算机系统协调地进行工作。

下面以指令的执行过程为例，介绍计算机的基本工作原理。指令的执行过程示例如图 1-10 所示。

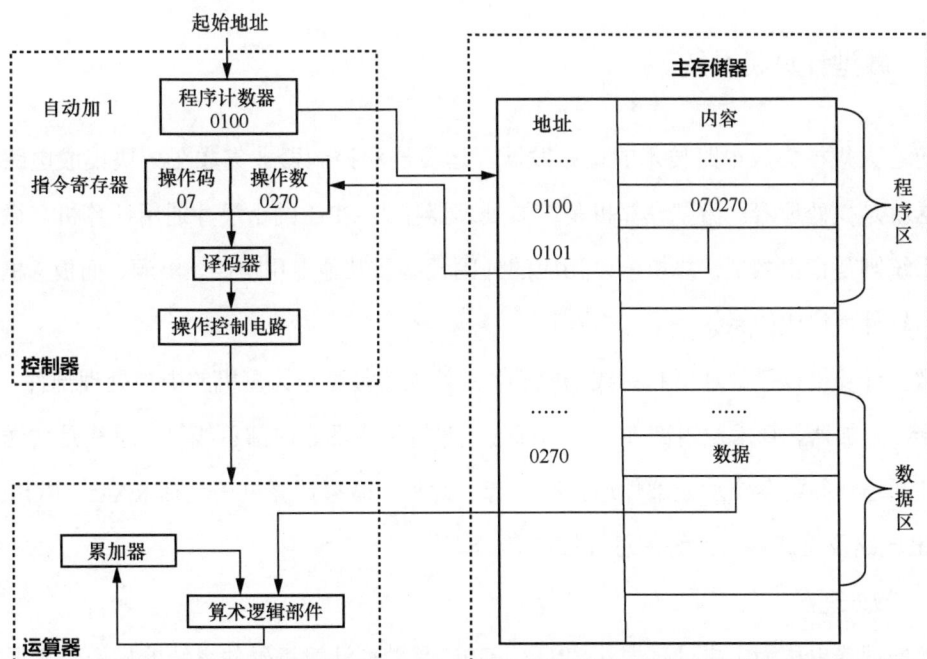

图 1-10　指令的执行过程示例

计算机对指令的执行可分为 4 个步骤，具体如下。

步骤 1：读取指令。根据控制器的程序计数器中的地址（0100），计算机从主存储器中读取指令（070270），并将它传送到指令寄存器中。

步骤 2：分析指令，即对送到指令寄存器的指令（070270）进行分析。由译码器对操作码（07）进行译码，判断该条指令要执行的操作，并将其转换成相应的控制电信号；操作数（0270）则确定了被操作数据的存储地址。

步骤 3：执行指令。操作控制电路根据译码结果向相关部件发出完成该项操作所需的一系列控制电信号，以完成该项指令所要求的操作。例如，若是做加法的指令，则将内存单元（0270）中的数据与累加器中的数据相加，所得结果仍然存储在累加器中。

步骤 4：更新计数器。一条指令执行完后，程序计数器自动加 1，或将转移地址码送入程序计数器后，返回到步骤 1，进入下一条指令的执行过程。如此周而复始，CPU 不断地读取指令、分析指令、执行指令，直到整个程序执行完毕为止。可以看出，计算机的工作过程其实就是程序的执行过程。

计算机执行一条指令所需的时间一般称为一个指令周期。指令周期越短，执行速度越快。计算机系统的所有操作都是在一个统一的脉冲信号的控制下进行的，脉冲信号的频率越高，执行指令的速度就越快。通常所说的计算机工作频率，指的就是同步脉冲信号的频率。

1.3.4 微型计算机系统

随着人规模集成电路技术的迅猛发展，运算器和控制器被集成在一块集成电路芯片上，这就是微处理器。微型计算机是用微处理器作为 CPU 的小尺寸通用计算机。微型计算机系统则是指由微型计算机配以相应的外围设备及其他专用电路、电源、面板、机架及足够的软件而构成的系统。

微型计算机以微处理器和总线为核心。微处理器是微型计算机的中央处理部件，包括寄存器、累加器、算术逻辑部件、控制部件、时钟发生器、内部总线等。总线是传送信息的公共通道，并将各个功能部件连接在一起。此外，微型计算机还包括 RAM、ROM、输入/输出电路及组成这个系统的总线接口。

1. 微处理器

微处理器也称为中央处理器（CPU）。CPU 是微型计算机硬件系统的核心，主要由运算器和控制器组成。CPU 性能的高低通常决定了一台计算机的档次，因此，人们在购买微型计算机时，常常将 CPU 的型号作为购买标准。

（1）CPU

世界上生产 CPU 芯片的公司主要有英特尔（Intel）、AMD、Cyrix、IBM 等，其中，英特尔是世界上最大的 CPU 生产厂家。目前，AMD 的 CPU 应用也较广泛。图 1-11 所示为两款常见的 CPU。

图 1-11　常见的 CPU

（2）CPU 的速度与主频

主频又称为时钟频率，是指 CPU 在单位时间内能够完成的工作周期数，单位为 MHz。主频决定着计算机的运算速度。主频越高表明计算机的运算速度越快。但是，主频不能直接表示计算机每秒的运算速度。

运算速度是指计算机每秒能够执行的指令条数。它是衡量计算机性能的一项主要指标，常以百万条指令每秒（million instructions per second，MIPS）或百万次浮点运算每秒（million floating-point operations per second，MFLOPS）为单位来描述。MIPS 用于描述计算机每秒能够执行的指令条数，反映了计算机的运算速度。

（3）高速缓存

高速缓存在逻辑上位于 CPU 和内存之间，主要用于处理内存和 CPU 之间数据传输速率的不同。高速缓存的容量有几千字节，也有几兆字节。高速缓存容量越大，计算机的访问速度越快。厂商一般把高速缓存与 CPU 集成在一个芯片上，因此，我们购买的 CPU 自带高速缓存。

2．微型计算机的主板和总线结构

微型计算机的主机包括主机机箱及机箱内的硬件。主机机箱一般带有电源。机箱内的核心硬件是主板。主板的任务是完成计算机系统的管理和协调，支持 CPU、各种功能卡和各个总线接口的正常运行。主板包括 CPU 插槽、芯片组、内存、总线、扩展槽、接口板卡、电池等部件。硬盘驱动器、光盘驱动器、显示卡等插接在主板上。主板的芯片组对整个微型计算机系统的性能有十分重要的影响，如芯片组所能支持的 CPU 类型、是否支持自动增益放大器（accelerated graphics port，AGP）图形加速卡等。图 1-12 所示为一款微型计算机的主板。

图 1-12 一款微型计算机的主板

目前的微型计算机多采用总线结构。总线是指连接微型计算机系统中各个部件的一簇公共信号线。这些信号线构成了微型计算机各个部件之间相互传送信息的公用通道。CPU（包括内存）与外设、外设与外设之间的数据交换都是通过总线来进行的。总线是连接计算机系统各个部件之间的桥梁。总线通常分为地址总线、数据总线和控制总线 3 种类型。地址总线用于传送地址信号，其数量决定了微型计算机系统存储空间的大小。数据总线用于传送数据信号，其数量反映了 CPU 单次接收数据的能力。控制总线用于传送控制器的各种控制信号。

在微型计算机中，采用总线结构给微型计算机系统的设计、生产、使用和维护带来了许多便利。目前，微型计算机总线的结构特点是具有标准化和开放性。广义上通常把 AGP 接口、USB 接口称为 AGP 总线、USB 总线。不同的总线类型有不同的性能。不同的微机系统，适合采用不同的总线结构。

3. 微型计算机的存储设备

微型计算机的存储设备由主存储器、辅助存储器及管理这些存储器的软件组成。下面主要介绍主存储器和辅助存储器。

微型计算机的主存储器通常安装在主板上。主存储器与运算器和控制器直接相连，能与 CPU 直接交换信息，其存取速度极快。微型计算机中的主存储器包括 RAM、ROM、高速缓存等。

微型计算机的辅助存储器的容量通常很大，但存取速度比主存储器慢。辅助存储器只能与主存储器交换信息，不能直接与 CPU 交换信息。它既是输入设备，又是输出设备。

微型计算机常用的辅助存储器有硬盘、USB 闪存盘、光盘等。

硬盘是微型计算机中最主要的外部存储器,用于存储系统文件、用户的应用程序及数据等。硬盘的最大特点就是存储容量大。微型计算机可配置不同数量的硬盘。当计算机工作时,用户可通过主机前面的指示灯来观察硬盘的工作情况。硬盘如图 1-13 所示。

光盘是通过光学方式读出和写入信息的,读出和写入都使用激光束来实现。光盘有 3 种基本类型:只读光盘、一次写入光盘和可擦写光盘。光盘如图 1-14 所示。

图 1-13　硬盘

图 1-14　光盘

USB 闪存盘（简称 U 盘）基于闪存芯片,采用 USB 接口即插即用,不需要额外的电源,使用非常方便。USB 闪存盘的优势在于防磁、防震、防潮,数据的安全性强;传输速度快、容量大;外观小巧,携带方便,使用寿命长。

4. 微型计算机的输入/输出设备

输入设备主要用于将各种信息输入到计算机中。键盘、鼠标、光笔、扫描仪和数字化仪是微型计算机中常用的输入设备。

输出设备是将计算机中的数据信息传送到外部介质上的装置。显示器、打印机、绘图仪都是常见的输出设备。

（1）键盘

键盘是计算机中最常用的输入设备,如图 1-15 所示。尽管手写和语音识别程序/设备可取代键盘,但现在它仍然是计算机输入文本的主要方式。

（2）鼠标

鼠标是一种用来移动光标和执行选择操作的输入设备,如图 1-16 所示。常见的鼠标有光电式鼠标、光机式鼠标和机械式鼠标 3 种。

图 1-15　键盘

图 1-16　鼠标

（3）显示器

显示器是计算机系统中非常重要的输出设备，如图 1-17 所示。人们不仅要通过显示器了解输入的内容，而且也要通过它了解输出的结果。一个计算机的显示功能由显卡和显示器两种设备实现。

（4）打印机

打印机是计算机系统的主要输出设备，如图 1-18 所示。它用于将计算机输出的信息打印出来，便于用户阅读、修改和存档。按工作原理，打印机可分为击打式打印机和非击打式打印机两类。击打式打印机包括点阵式打印机和针式打印机。而激光打印机、喷墨打印机、静电打印机、热敏打印机等则属于非击打式打印机。

图 1-17　显示器

图 1-18　打印机

5．微型计算机的性能指标

微型计算机的种类繁多、性能各有不同，那么如何评价一台微型计算机的性能呢？计算机的性能指标有多种，衡量计算机的性能不应单看哪一条指标，而要全面综合地衡量。对于不同用途的计算机，衡量其性能的侧重面也有所不同。下面是微型计算机的一些主要的性能指标。

（1）CPU 类型及字长

CPU 的类型及字长是影响微型计算机性能的一个主要指标。计算机的字长直接影响着计算机的计算精确度。字长越长，用来表示数字的有效数位就越多，计算机的精确度也就越高。目前，CPU 的字长多为 64 位。

（2）主频

微型计算机的主频决定着其运算速度。人们习惯于通过主频来比较计算机的运算速度，主频的单位是兆赫（MHz）。

（3）内存容量

微型计算机主存储器的容量随着机型的不同而有着很大的差异。内存容量反映了主存储器存储数据的能力。内存容量越大，微型计算机的存储单元数越多，其"记忆"的功能越强，系统功能就越强大，能处理的数据量也就越大。

（4）辅助存储器及外部设备的配置

辅助存储器的容量通常指硬盘容量。辅助存储器容量越大，可存储的信息就越多，可安装的应用软件就越丰富。目前，微型计算机的硬盘容量一般为 500 GB、1 TB。

除了上述主要性能指标，我们还应考虑一些其他指标，如所配置的外围设备（如显卡、显示器等）、机器的兼容性、系统的可靠性、可维护性及所配置系统软件的情况等。此外，各项指标之间不是彼此孤立的，在实际应用时应该综合考虑，以使微型计算机的性能最优。

1.3.5　操作系统概述

操作系统是计算机硬件之上的第一层系统软件，是对计算机硬件功能的首次扩充，它为应用程序提供基础，并且充当计算机硬件和计算机用户的中介。

本节主要介绍操作系统的概念、操作系统的作用和功能、操作系统的发展和分类，以及典型的操作系统。

1．操作系统的概念

操作系统是一组控制和管理计算机硬件和软件资源，合理组织计算机工作流程，并向用户提供各种服务，方便用户使用计算机的管理控制程序。

操作系统在计算机系统中占据着非常重要的地位。在操作系统的支持下，计算机才能运行其他软件。可以说，操作系统是计算机硬件与其他软件的接口，也是用户和计算机之间的"接口"。整个计算机系统的层次结构如图 1-19 所示。

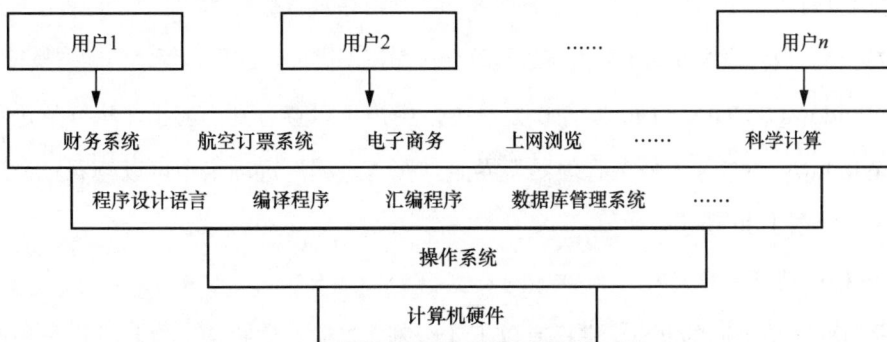

图 1-19　计算机系统的层次结构

2．操作系统的作用和功能

操作系统的作用可以从以下 3 个角度来理解。

从用户的角度，用户是通过操作系统来使用计算机的。操作系统合理地组织计算机的工作流程，协调各个部件有效工作，为用户提供了一个良好的应用软件运行环境。用户可以直接调用操作系统提供的各种功能，并不需要了解过多的硬件细节。对于用户来讲，操作系统是用户和计算机硬件之间的接口。操作系统扩充了硬件功能，为用户提供了一台功能显著增强、使用更加方便、安全可靠性更好、效率明显提高的机器。这台机器被称为虚拟计算机。

从系统的角度，操作系统可以看作资源管理器。计算机系统的资源分为两大类：硬件资源和软件资源。操作系统控制和管理这些资源，面对许多的资源请求，操作系统决定如何为各个程序和用户分配资源，以便计算机系统能高效运行。

从资源管理的角度看，操作系统应具有 4 个管理功能：处理器管理、存储管理、设备管理、文件管理。

（1）处理器管理

在早期的计算机系统中，一旦某个程序开始运行，它就会占用整个系统的所有资源，直到运行结束为止，这就是所谓的单道程序系统。在该系统中，任何时刻内存中只有一个程序，只有该程序运行结束后才能运行下一个程序，因此系统资源的利用率不高。为提高系统资源的利用率，后来的操作系统都允许将多道程序加载到内存中，这些程序并发执行。这些操作系统就是多道程序系统。

在多道程序系统中，处理器的分配和运行都是以进程为单位的，因此处理器管理又称为进程管理。简单来说，进程就是一个正在运行的程序。或者说，进程是一个程序与其数据一道在计算机上执行时所发生的活动。当一个程序被加载到内存时，系统会创建一个进程，程序以进程为单位运行。当程序执行结束后，该进程就会被撤销，因此，进程是程序的动态执行过程。

在 Windows、UNIX、Linux 操作系统中，用户可以查看到当前正在执行的进程。例如，在 Windows 中打开"任务管理器"界面，在"进程"选项卡中可以查看正在运行的应用程序，如图 1-20 所示。

1）进程的特征

进程和程序是不同的概念。进程有以下 4 个基本特征，这些特征也是进程与程序的区别体现。

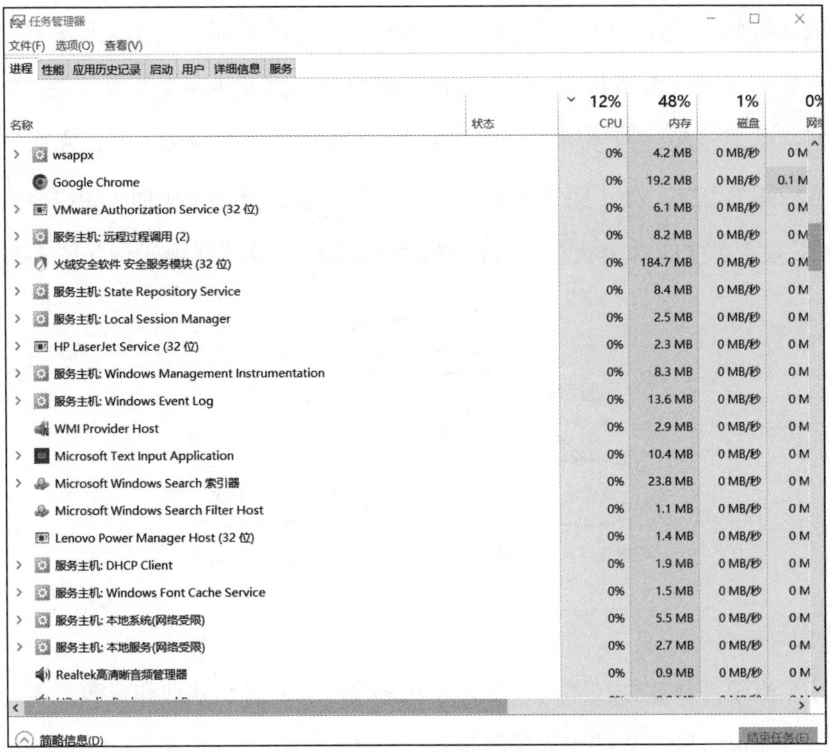

图 1-20　Windows "任务管理器"界面

动态性：进程是程序的一次执行过程，这是一个动态的概念；而程序是计算机的指令集合，这是一个静态的概念。进程的动态性还表现在它是由操作系统创建而产生的，由调度而执行的，会因得不到资源而暂停执行，也会因撤销而消亡。由此可见，进程是有生命周期的。

并发性：指系统中可以同时有几个进程在活动。并发性是现代操作系统的重要特征。引入进程的目的就是描述程序的并发执行。并发性提高了计算机系统资源的利用率。

独立性：进程是一个能够独立运行的基本单位，也是系统分配和调度资源的基本单位。

异步性：进程按各自独立的、不可预知的速度向前推进。也就是说，内存中的进程什么时候真正地在 CPU 上运行、执行多长时间都是不可知的，由操作系统负责各个进程之间的协调执行。

2）进程的状态和调度

进程执行时的间断性，决定了进程可能具有多种状态。事实上，运行中的进程有3 种基本状态：就绪状态、执行状态和阻塞状态。

处于就绪状态的进程在调度程序为它分配了处理器（进程调度）后就可被执行，由就绪状态变成执行状态。处于执行状态的进程因分配给它的时间片已用完而暂停执行时，该进程由执行状态又变成就绪状态。处于执行状态的进程因发生某个事件而使执行受阻（如进程要访问某临界资源，而该资源又被其他进程访问），无法继续执行，那么该进程就由执行状态变成阻塞状态。处于阻塞状态的进程当其阻塞的原因消失时（如需要的资源满足了），就由阻塞状态变成就绪状态。进程的 3 种基本状态及其转换示例如图 1-21 所示。

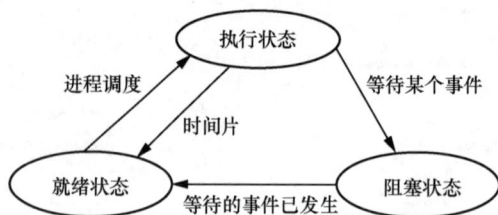

图 1-21　进程的 3 种基本状态及其转换示例

3）线程

随着计算机硬件和软件技术的发展，为了更好地实现并发处理和资源共享、提高 CPU 的利用率，目前很多操作系统引入了线程。

线程又称为轻量进程（lightweight process），它与属于同一个进程的其他线程共享进程的资源。一个传统的进程只有一个线程。如果进程有多个线程，那么它就能同时执行多个任务。例如，字处理器软件有一个线程用于显示图形、一个线程用于读取用户的键盘输入，还有一个线程在后台进行拼写检查。

在 Windows 中，线程是 CPU 分配的基本单位，进程是资源分配的单位，进程内的线程共享进程资源。把线程作为 CPU 分配单位的好处有充分共享资源、减少内存开销、提高并发性、加快切换速度等。目前，大部分的应用程序采用的是多线程结构。

（2）存储管理

存储管理主要管理内存资源，为多道程序的运行提供良好的环境，方便用户使用存储器，提高存储器的利用率，以及从逻辑上扩充内存。为此，存储管理应具有内存分配、内存保护、地址映射、内存扩充等功能。

1）内存分配

内存分配的主要任务有：①当创建进程时，为进程分配内存空间；②当进程退出时，释放其所占用的存储空间；③提高内存的利用率，减少不可用的存储空间；④允许正在运行的进程申请附加的内存空间，以满足程序和数据动态增长的需要。

2）内存保护

内存保护的主要任务是确保每道程序都能在自己的内存空间运行，彼此互不干扰。操作系统采用硬件和软件相结合的方式来实现内存保护。

3）地址映射

一个应用程序（源程序）经编译后，通常会形成若干个目标程序。这些目标程序经过链接便形成了可装入程序。这些程序的地址是从 0 开始的，称为逻辑地址，由逻辑地址形成的地址范围称为地址空间。此外，由内存中一系列的内存单元所限定的地址范围称为内存空间，其中的地址称为物理地址。

当程序被调入内存运行时，是不可能从物理内存空间的 0 单元开始存储的，这就造成地址空间的逻辑地址和内存空间的物理地址不相一致。为使程序能正确执行，存储管理必须实现逻辑地址到物理地址的映射。

4）内存扩充

内存扩充是借助虚拟存储器技术，利用大容量的外存空间，从逻辑上扩充内存，给应用程序提供一个比物理内存大得多的存储空间，从而更好地实现多任务并发执行。在计算机的运行过程中，部分进程或进程的部分内容保留在内存中，其他暂时不运行的部分存储在外存中。操作系统根据需要负责进行内存和外存的交换。

虚拟内存的最大容量与 CPU 的寻址能力有关。如果 CPU 的地址总线是 20 位的，那么虚拟内存大小最多是 1 MB。如果 CPU 的地址总线是 32 位的，那么虚拟内存大小可达 4 GB。

（3）设备管理

设备管理的主要任务包括对计算机系统中所有的输入/输出设备的管理，以及为用户提供良好的使用设备的界面和接口。具体来说，设备管理有以下 3 个主要功能。

① 缓冲区管理。为了缓解高速 CPU 和低速输入/输出设备之间因工作速度上的巨大差距而产生的矛盾，操作系统在内存中设置了缓冲区，用缓冲区来收集和存储输入/输出的数据，保证输入/输出操作的有序进行，同时提高 CPU 的利用率和系统的吞吐量。

② 设备分配。它的主要任务是根据用户进程的输入/输出请求、系统的现有资源及分配策略，为进程分配所需的资源及与其相连的控制器和输入/输出通道。

③ 设备驱动。它的主要任务是实现 CPU 和设备控制器之间的通信，完成输入/输出操作。用户在使用设备之前，必须安装该设备的驱动程序，因此，操作系统提供了一套设

备驱动程序的标准框架，由硬件厂商根据标准编写设备驱动程序，并随同设备一起提供给用户。

（4）文件管理

系统中的资源信息（如数据和程序等）是以文件的形式存储在辅助存储器（如磁盘、光盘等）上的。文件管理的任务是有效地支持文件的存储、检索和修改等操作，解决文件共享、保密和保护问题，使用户能方便、安全地访问文件。为此，文件管理应具有以下 3 个功能。

① 文件存储空间的管理。操作系统应设置相应的数据结构，用于记录文件存储空间的使用情况，以供分配存储空间时参考。操作系统还应具有对存储空间进行分配和回收的功能。

② 目录管理。为了使用户能方便地在辅助存储器上找到自己所需的文件，操作系统为每个文件建立了一个目录项。目录项包括文件名、文件属性、文件在磁盘上的物理位置等。若干个目录项可构成一个目录文件。目录管理的重要任务是为每个文件建立其目录项，并对众多的目录项加以有效的组织，以方便地实现按名存取，即用户只需提供文件名，就可对文件进行访问。

③ 文件的读写管理和保护。文件的读写管理是根据用户的请求，实现从辅助存储器中读取数据或将数据写入辅助存储器中。文件保护则提供了文件的存取控制，以防止系统中的文件被非法窃取或破坏。

（5）用户接口

操作系统给用户提供了使用计算机的良好接口。用户接口有两种类型，具体如下。

① 命令接口和图形用户界面接口，让用户通过交互方式对计算机进行操作。

② 程序接口，又称为应用程序接口（application program interface，API）。该接口为编程人员而提供，应用程序通过 API 调用操作系统所提供的资源。

3．操作系统的发展和分类

20 世纪 50 年代中期出现了第一个简单的批处理操作系统，20 世纪 60 年代中期产生了多道程序批处理系统，不久又出现了基于多道程序的分时系统。从 20 世纪 80 年代开始，微型计算机、多处理机和计算机网络得到了迅猛发展，同时出现了微型计算机操作系统、多处理机操作系统和网络操作系统，使操作系统得到了进一步发展。

操作系统有多种不同的分类标准。按与用户对话的界面来分，操作系统可分为命令行界面操作系统和图形用户界面操作系统。按能够支持的用户数量来分，操作系统可分为单用户操作系统和多用户操作系统。按是否能够运行多个任务来分类，操作系统可以分为单任务操作系统和多任务操作系统。

根据操作系统的功能、特点和使用方式，传统的操作系统有 3 种基本类型，分别是批处理操作系统、分时操作系统和实时操作系统。

（1）批处理操作系统

早期的计算机系统非常昂贵，为了能充分地利用它，人们尽量让系统连续运行，以减少其空闲时间。为此，人们通常把一批作业以脱机方式输入到磁带（或磁盘）上，并在系统中配上监督程序，使这批作业能一个接一个地连续处理，直到全部完成为止。这便形成了早期的单道批处理操作系统。为了进一步提高资源的利用率和系统的吞吐量，计算机系统又引入了多道程序设计技术，由此形成了多道批处理操作系统。总之，批处理操作系统让用户将由程序、数据，以及说明如何运行该程序的作业说明书等组成的作业提交给系统管理员，由系统管理员将作业成批地输入，形成作业队列，再由操作系统控制作业一个接着一个地运行。在作业的运行过程中，用户无法干预程序的运行，即系统不具有交互性。

（2）分时操作系统

如果推动多道批处理操作系统形成和发展的主要动力是提高资源利用率和系统的吞吐量，那么推动分时操作系统形成和发展的主要动力是用户的需求。分时操作系统具有良好的交互性，便于用户使用计算机。

分时操作系统是将 CPU 的时间划分成时间片，允许多个用户通过自己的终端以交互方式同时使用计算机，共享计算机中的资源，计算机轮流接收和处理各个用户从终端输入的命令。计算机运算的高速性能和并行处理的特点让每个用户感觉不到其他用户的存在，好像独占一台计算机一样。典型的分时操作系统有 UNIX 和 Linux。

（3）实时操作系统

实时操作系统是指系统能及时（或即时）响应外部事件的请求，在规定的时间内完成对该事件的处理，并控制所有实时任务协调一致地运行。根据具体应用领域的不同，实时操作系统又分为两类：实时控制操作系统和实时信息处理操作系统。

如果一个操作系统兼有批处理、分时和实时处理的全部功能或部分功能，那么该操作系统称为通用操作系统。

随着计算机体系结构的发展，又出现了多种新型操作系统，如嵌入式操作系统、分布式操作系统等。

4．典型操作系统

为了让读者对操作系统有一定的感性认识，下面简要介绍 MS-DOS、Windows、UNIX 和 Linux 这些典型的操作系统。

（1）MS-DOS

MS-DOS 是微软公司为 16 位字长计算机开发的、基于字符界面的一种单用户、单任务的个人计算机操作系统。1981 年，IBM 公司首次推出了个人计算机，采用了微软公司的 MS-DOS 作为其操作系统。随着该机种及其兼容机的畅销，MS-DOS 也成了当时个人计算机的主流操作系统。

（2）Windows

Windows 是微软公司继成功开发了 MS-DOS 之后，为高档个人计算机（32 位）开发的又一个人计算机操作系统。Windows 是一个单用户、多任务的图形用户界面操作系统，常应用于个人计算机和平板计算机等设备。

（3）UNIX

UNIX 是通用的、交互式、多用户、多任务的操作系统。凭借强大的功能和优良的性能，它已成为业界公认的工业化标准操作系统。UNIX 能够运行在各种类型的计算机硬件平台上，从微型计算机、工作站到巨型计算机，都能见到它的身影。

UNIX 于 1969 年由贝尔实验室的 Dennis-Ritchie 和 Ken-Thompson 在 PDP-7 小型计算机上开发，后来不断地向大、中型计算机及微型计算机领域渗透，并获得巨大成功。进入 20 世纪 90 年代后，UNIX 又增添了一套可有效地支持计算机网络和互联网的网络软件，因而它还可以配置在企业网络中，作为网络操作系统，以提供支持互联网和内联网的服务。

（4）Linux

Linux 是一套免费使用、自由传播以及与 UNIX 完全兼容的操作系统。Linux 最初是一个由芬兰赫尔辛基大学计算机系的学生 Linus Torvalds 开发的操作系统内核程序。Linux 以其高效性和灵活性著称，能够在个人计算机上实现 UNIX 的全部功能。它的最大特点表现为它是一个源代码公开的免费操作系统，因此吸引了越来越多的商业软件公司和 UNIX 爱好者加盟到 Linux 的开发行列中。目前，许多互联网服务提供商已把 Linux 作为主推操作系统之一。

Linux 现有的发布版本很多。Linux 的内核程序加上外挂程序，就演变成现在的各种版本，主要流行的有 Red Hat（Enterprise）Linux、Slackware Linux、Turbo Linux、Debain Linux、Fedora Linux、Ubuntu 等。

（5）macOS

macOS 是在苹果公司 Macintosh 系列计算机上使用的操作系统。它也是一种图形用户界面的操作系统，具有较强的图形处理能力，广泛用于电影制作等领域。

（6）华为鸿蒙操作系统

华为鸿蒙操作系统（Huawei Harmony OS），是华为公司发布的分布式操作系统。Harmony OS 是一种面向全场景的分布式操作系统，可将人、设备、场景有机地联系在一起，使用户在全场景生活中体验多种智能终端的无缝衔接，实现极速发现、极速连接、硬件互助、资源共享。

1.3.6　操作系统的安装

VMware Workstation 允许操作系统和应用程序在一台虚拟机上运行。虚拟机是独立运行主机操作系统的离散环境。在 VMware Workstation 中，用户可以在一个界面上加载一台虚拟机。该虚拟机可以运行自己的操作系统和应用程序。用户可以在多台虚拟机之间切换，通过一个网络共享虚拟机（如一个公司的局域网）挂起和恢复虚拟机，以及退出虚拟机。虚拟机中的一切操作都不会影响用户的主机操作。本小节使用 VMware Workstation 来展示 Ubuntu 18.04 LTS 的安装方法。

1. 下载 VMware Workstation

下载 VMware Workstation 安装包的步骤如下。

步骤 1：首先进入 VMware 官网，其首页如图 1-22 所示。

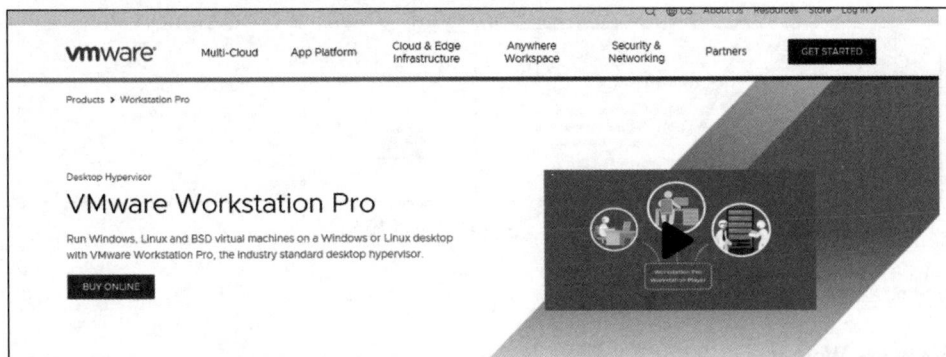

图 1-22　VMware 官网首页

步骤 2：单击"Anywhere Workspace"选项，进入"Anywhere Workspace"界面，单击"Workstation Pro"选项，如图 1-23 所示。

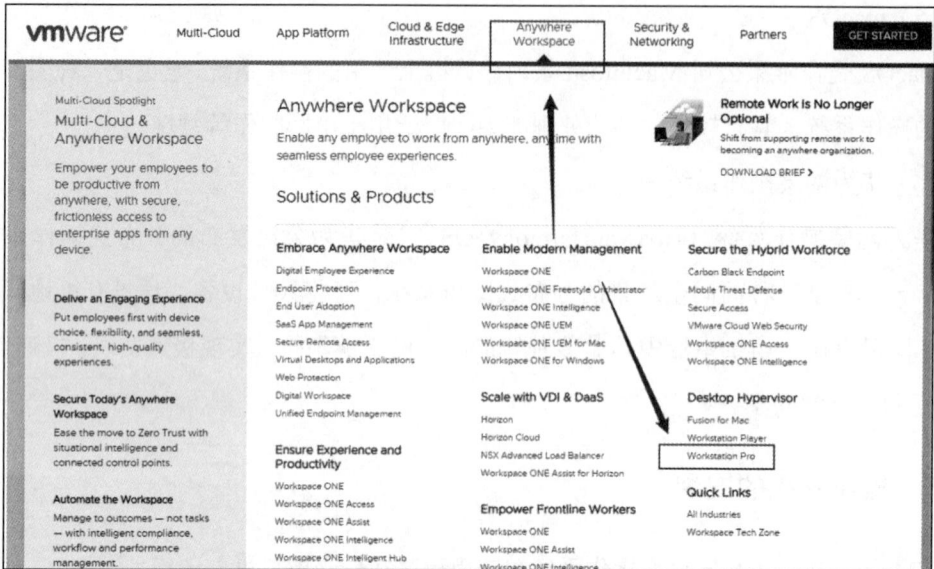

图 1-23　Anywhere Workspace 界面

步骤 3：按图 1-24 所示内容进行操作。

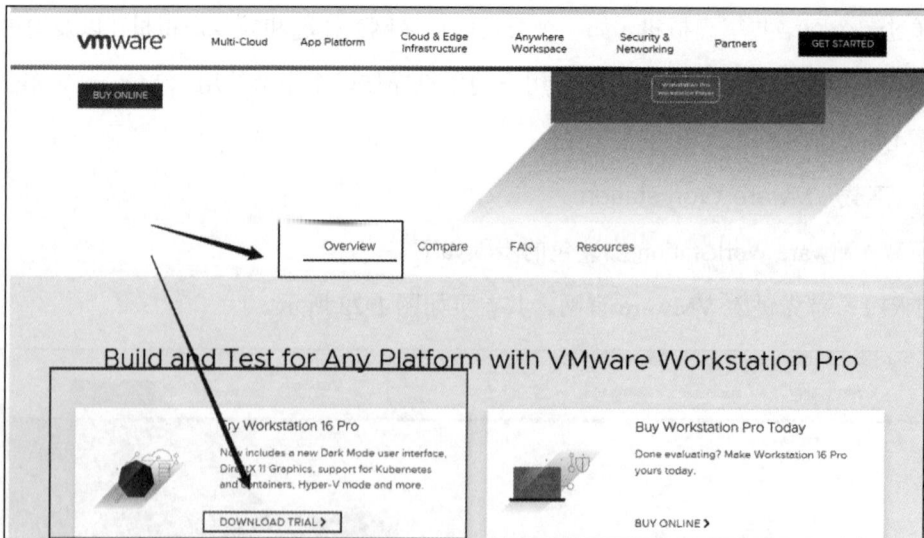

图 1-24　下载界面上的操作

2. 安装 VMware Workstation

VMware Workstation 的安装步骤如下。

步骤 1：双击图 1-25 所示安装文件进行安装。

图 1-25　安装文件

步骤 2：在安装向导界面（这里不展示）单击"下一步"按钮。勾选"我接受许可协议中的条款"选项。在"自定义安装"界面中勾选"将 VMware Workstation 控制台工具添加到系统 PATH"选项，如图 1-26 所示。安装完成后不用修改环境变量，之后单击"下一步"按钮。

步骤 3：在"快捷方式"界面勾选"桌面"和"开始菜单程序文件夹"这两个选项，并单击"下一步"按钮，如图 1-27 所示。安装完成后系统会在桌面和开始菜单中添加快捷方式，安装完成界面如图 1-28 所示。

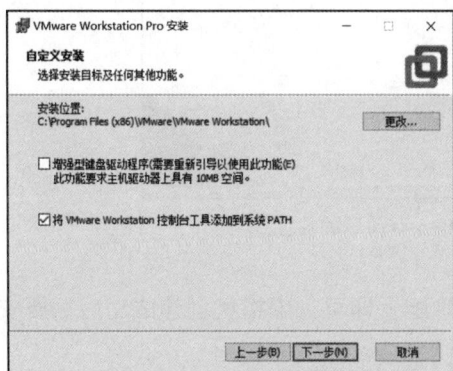

图 1-26　"自定义安装"界面

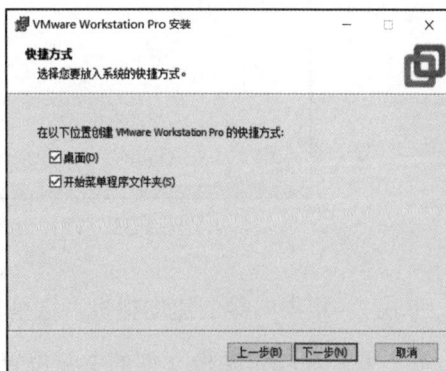

图 1-27　"快捷方式"界面

步骤 4：使用 VMware Workstation 需要授权，在图 1-29 所示界面输入许可密钥即可。

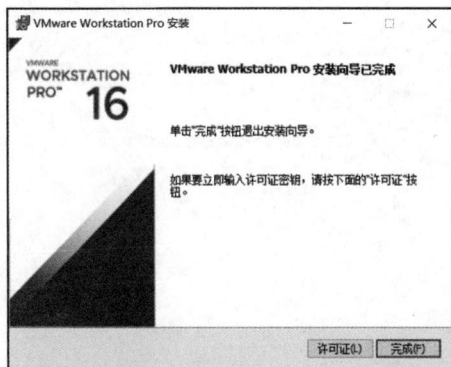

图 1-28　VMware Workstation 安装完成界面

图 1-29　输入许可密钥界面

3．下载 Ubuntu 安装包

读者参考 VMware Workstation 的下载过程，这里不作介绍。请注意，下载的版本是 Ubuntu 18.04 LTS。

4．安装 Linux

步骤1：安装Linux前，我们需要先打开VMware Workstation，创建一台虚拟机。VMware Workstation 启动后的界面如图 1-30 所示。

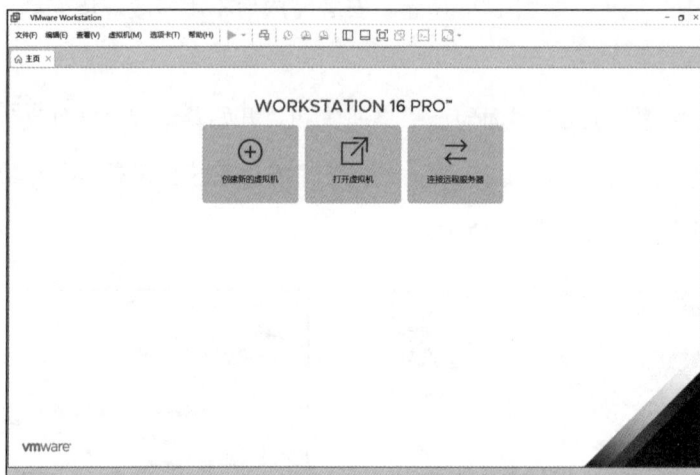

图 1-30　VMware Workstation 启动后的界面

步骤 2：根据向导创建虚拟机，这里使用典型配置即可。虚拟机创建成功后需要安装 Ubuntu。我们先指定映像文件的安装位置，如图 1-31 所示。

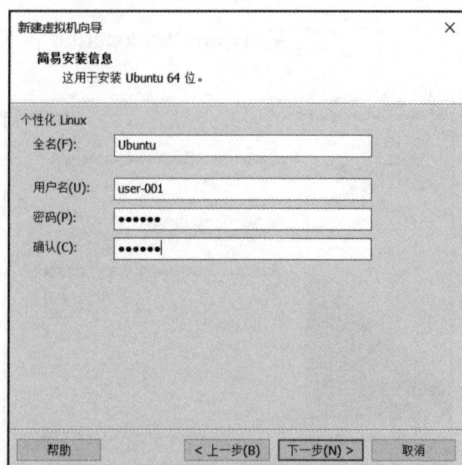

步骤 3：在"简易安装信息"界面填写用户名、密码等信息，如图 1-32 所示。

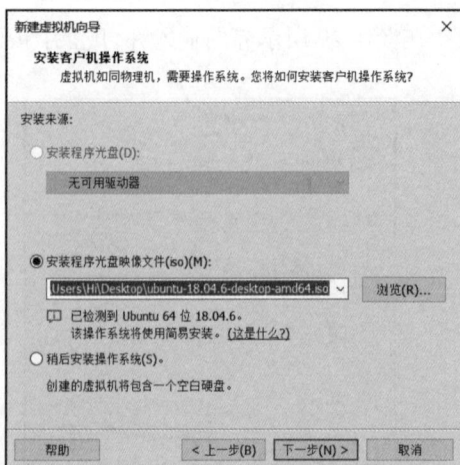

图 1-31　指定映像文件的安装位置　　　　图 1-32　"简易安装信息"界面

步骤 4：指定虚拟机的名称和安装位置，如图 1-33 所示。

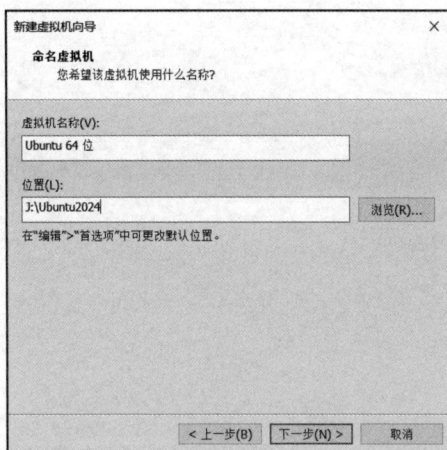

图 1-33　指定虚拟机的名称和安装位置

步骤 5：指定虚拟机的磁盘容量，并单击"下一步"按钮，如图 1-34 所示。

步骤 6：在"已准备好创建虚拟机"界面单击"完成"按钮，即可创建虚拟机，如图 1-35 所示。

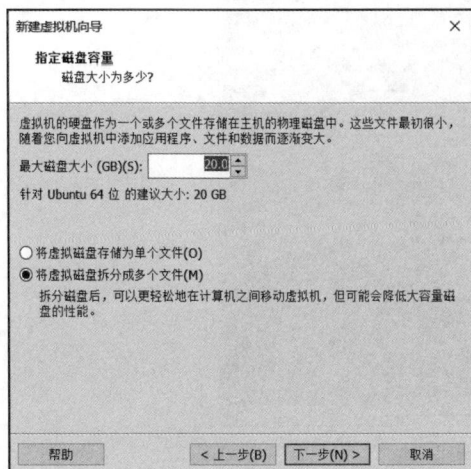

图 1-34　指定虚拟机的磁盘容量

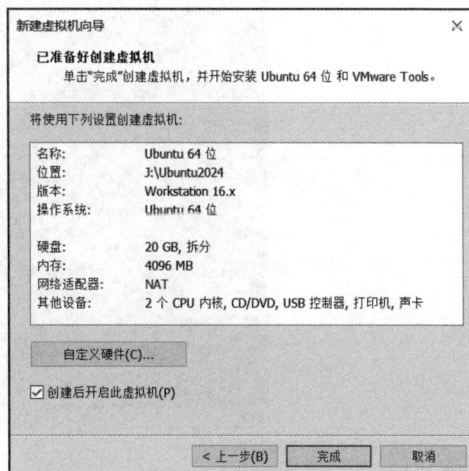

图 1-35　"已准备好创建虚拟机"界面

步骤 7：安装 Linux。Linux 的安装过程中不需要做任何配置，其安装界面如图 1-36 所示。

步骤 8：安装完成后，输入密码即可登录 Linux。登录后的 Ubuntu 界面如图 1-37 所示。

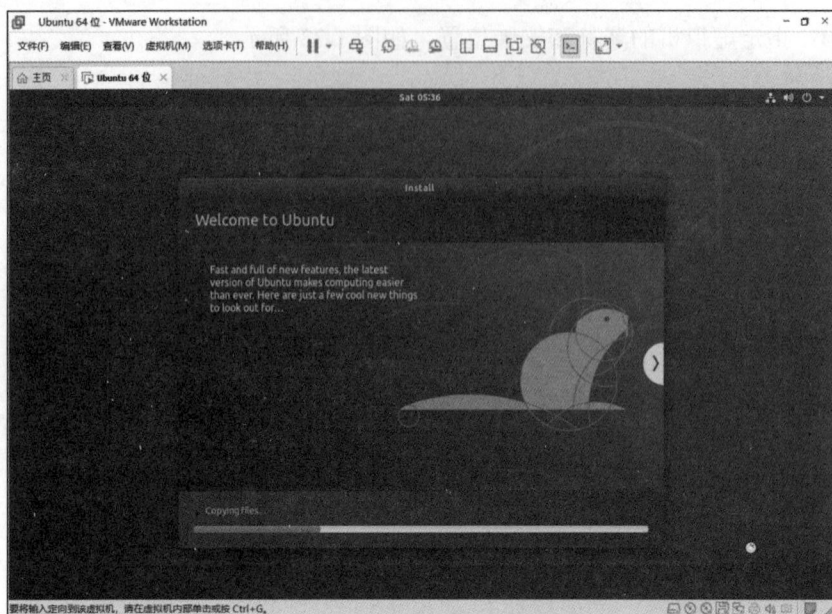

图 1-36　Linux 安装界面

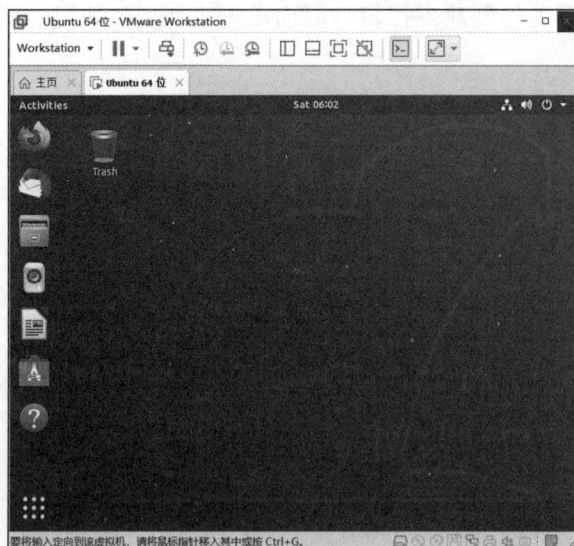

图 1-37　Ubuntu 界面

1.4　项目实验

1．查看计算机参数

使用鼠标右键单击"此电脑"图标，在弹出的快捷菜单上选择"管理"选项，这时会弹出"计算机管理"界面,在该界面中选择"设备管理器",然后选择需要查看的设备,如图 1-38 所示。

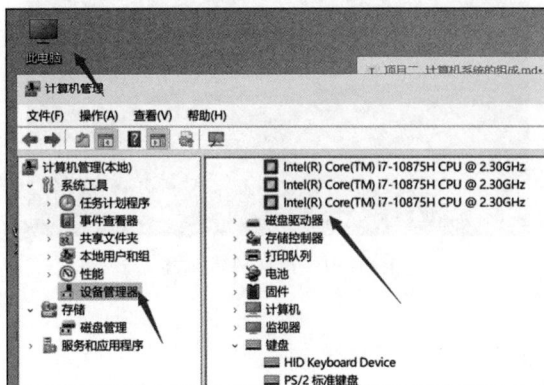

图 1-38　查看设备

使用鼠标右键单击"此电脑"图标,在弹出的快捷菜单上选择"属性"选项,即可查看系统信息,如图 1-39 所示。

图 1-39　查看系统信息

按组合键 Win + R,系统弹出"运行"界面,在其中输入 cmd 后单击"确定"按钮(或按回车键),即可进入"命令提示符"界面。在该界面中输入"ipconfig /all"就能查看网络配置了,如图 1-40 所示。

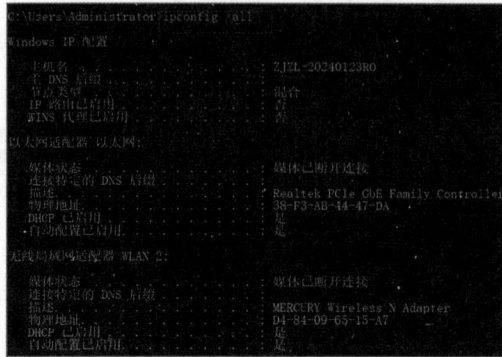

图 1-40　查看网络配置

2．安全管理

在搜索框中输入"控制面板"，选择"控制面板"选项，即可进入"控制面板"界面。接下来依次选择"系统和安全"→"Windows Defender 防火墙"→自定义设置，选择启用或关闭 Windows Defender 防火墙，如图 1-41 和图 1-42 所示。

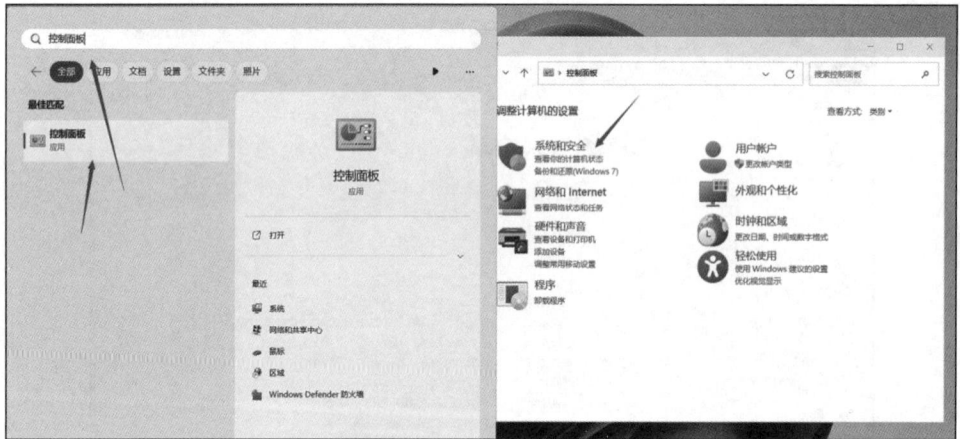

图 1-41　进入"控制面板"界面

图 1-42　设置防火墙

3．Windows 磁盘分区管理

使用鼠标右键单击"此电脑"图标，在弹出的快捷菜单中选择"管理"选项，以进入"计算机管理"界面，如图 1-43 所示。

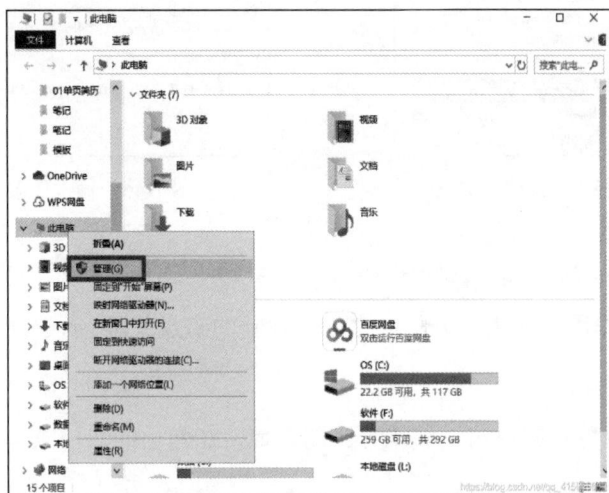

图 1-43　在快捷菜单中选择"管理"选项

进入"计算机管理"界面后，选择"磁盘管理"选项，如图 1-44 所示。

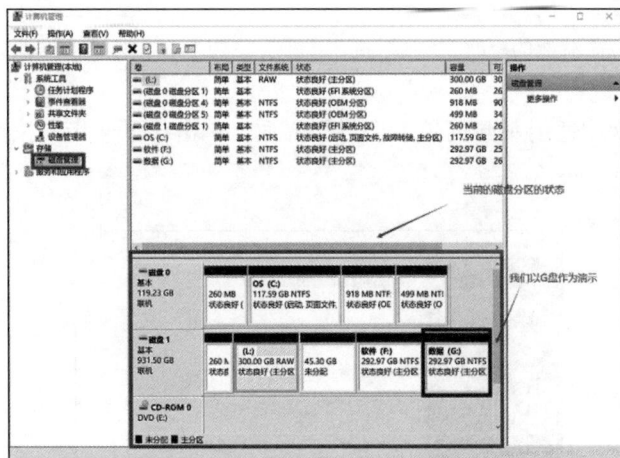

图 1-44　"计算机管理"界面

压缩卷的作用是获得更多的可用磁盘空间。压缩卷的具体操作步骤如下。

步骤 1：选择需要压缩的磁盘（以 G 盘为例）。

步骤 2：使用鼠标右键单击 G 盘，选择快捷菜单中的"压缩卷"选项，如图 1-45 所示。

步骤 3：输入需要压缩的大小（单位为 MB），单击"压缩"按钮，如图 1-46 所示。

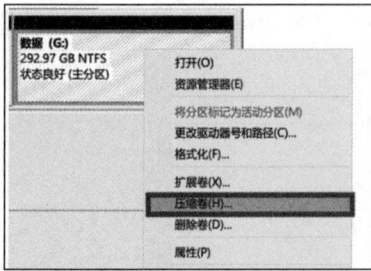

图 1-45　选择"压缩卷"选项

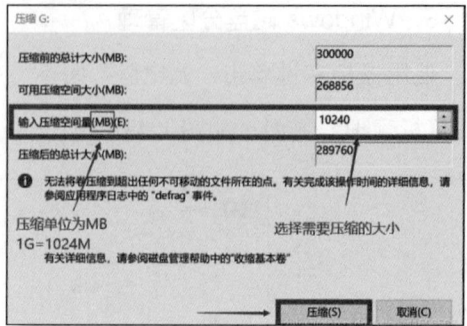

图 1-46　输入需要压缩的大小

步骤 4：压缩成功后，我们会在磁盘分区中看到一块未分配的空间，如图 1-47 所示。

新建简单卷的作用是使用未分配的空间创建新的磁盘分区。新建简单卷的具体操作步骤如下。

步骤 1：使用鼠标右键单击一块未分配的区域，在弹出的快捷菜单中选择"新建简单卷"选项，如图 1-48 所示。

图 1-47　未分配的空间

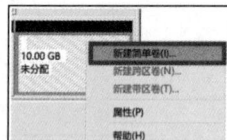

图 1-48　选择"新建简单卷"选项

步骤 2：在"欢迎使用新建简单卷向导"界面，单击"下一步"按钮即可，如图 1-49 所示。

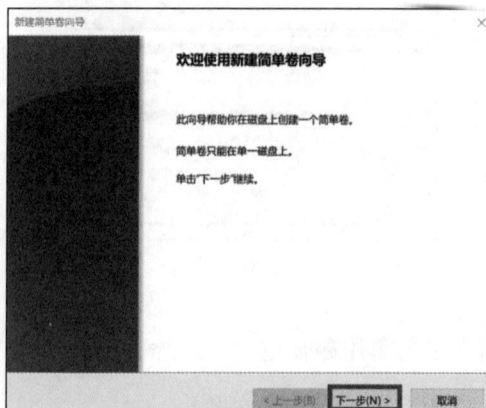

图 1-49　"欢迎使用新建简单卷向导"界面

步骤 3：在磁盘分区中查看新的分区，如图 1-50 所示。

步骤 4：双击"此电脑"图标，在打开的界面中可以看见新建的磁盘，如图 1-51 所示。

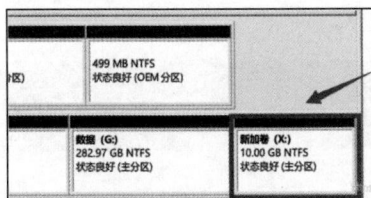

图 1-50　查看新的分区

图 1-51　新建的磁盘

1.5　习题

1．计算机的硬件由哪五部分组成？

2．计算机软件指的是什么？通常将软件分为哪两类？

3．计算机语言通常分为三大类，指的是哪些内容？

4．在高级语言中，编译方式和解释方式有什么不同？

5．微型计算机的存储设备由哪几部分组成？存储器的作用是什么？

6．微型计算机中的输入/输出设备通常有哪些？

7．衡量一台微型计算机的性能，通常需要看哪些指标？

8．什么是操作系统？操作系统的功能是什么？

9．根据操作系统的功能、特点和使用方式的不同，操作系统分为哪几类？

项目二 操作系统基础

本项目主要介绍 Windows（以 Windows 10 为例）的一些基础操作，包括账户管理、磁盘管理、任务管理、文件管理等内容。

2.1 项目要求

（1）了解 Windows 的基本操作。

（2）学会在 Windows 中进行文件管理。

（3）掌握 Windows 的系统管理操作。

2.2 学习目标

☑ **技能目标**

（1）了解 Windows 的基本使用方法。

（2）掌握 Windows 中账户管理、任务管理、文件管理的相关操作。

（3）掌握 Windows 中磁盘设置的方法。

☑ **思政目标**

（1）通过学习操作系统的基本管理功能，引导读者认识到在信息技术领域中，对系统的正确配置与安全管理是保障用户数据安全和系统稳定运行的重要责任。

（2）通过实践操作，如账户管理、磁盘管理等，培养读者的耐心、细致和精益求精的工匠精神，强调在 IT 工作中每一个细节都至关重要。

（3）在讲解操作系统权限设置时，融入网络安全与隐私保护的法律知识，增强读者的法律意识，让读者明白在处理用户数据时需遵守相关法律法规。

☑　**素养目标**

（1）读者能够熟练掌握 Windows 操作系统的基础操作，包括账户管理、磁盘管理、任务管理和文件管理等。

（2）通过实际操作中遇到的问题，培养读者独立分析和解决问题的能力，提升他们的技术实践素养。

（3）在实验环节中，鼓励学生读者分组合作，通过团队协作完成实验任务，培养沟通协调和团队合作能力。

2.3　相关知识

2.3.1　Windows 账户管理

1. 新增用户

在 Windows 中新增用户的步骤如下。

步骤 1：使用鼠标右键单击"此电脑"图标，在弹出的快捷菜单中选择"管理"选项，如图 2-1 所示。

步骤 2：在弹出的"计算机管理"界面中选择"本地用户和组"→"用户"，在右侧空白位置单击鼠标右键，在弹出的快捷菜单中选择"新用户"选项，如图 2-2 所示。

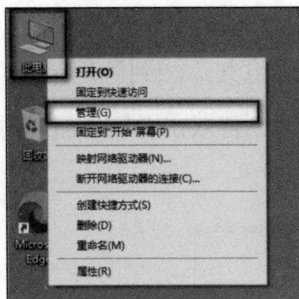

图 2-1　选择"管理"选项

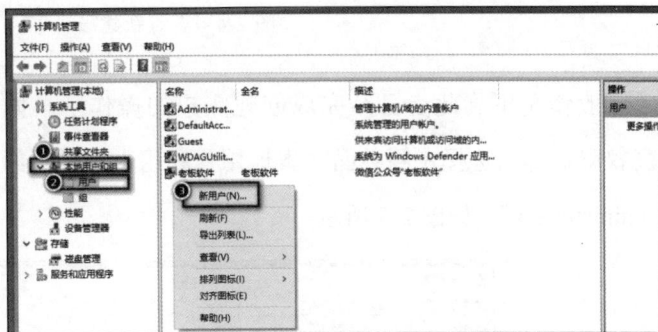

图 2-2　选择"新用户"选项

步骤 3：在弹出的新用户界面中输入用户名（必填项），对于全名、描述、密码等可选项任意填写，勾选"密码永不过期"复选框，单击"创建"按钮，之后单击"关闭"按钮即可，如图 2-3 所示。

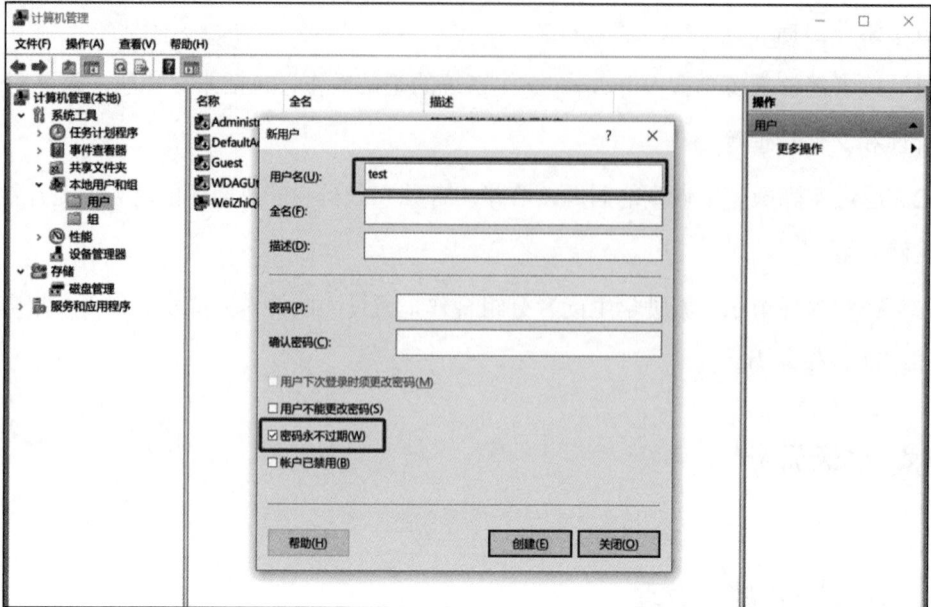

图 2-3　设置用户信息

此时，我们可以看到刚才创建的 test 账户，如图 2-4 所示。

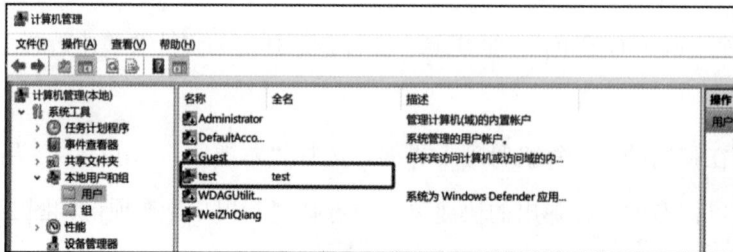

图 2-4　查看新建账户

一般情况下到此步已经完成创建账户的操作了。如果需要将其添加到管理员组，提高权限，那么选择左侧界面"本地用户和组"中的"组"选项，再双击右侧界面中的"Administrators"，如图 2-5 所示。

图 2-5　查看用户组

在"Administrators 属性"界面中单击"添加"按钮，如图 2-6 所示。

在"选择用户"界面的"输入对象名称来选择（示例）:"下面输入刚才新建的账户"test"，然后单击"确定"按钮实现添加账户，如图 2-7 所示。

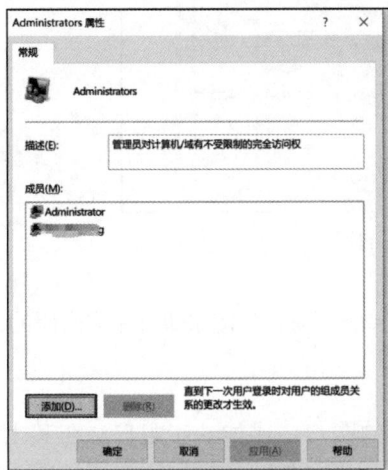

图 2-6　"Administrators 属性"界面　　　　　　　　图 2-7　添加账户

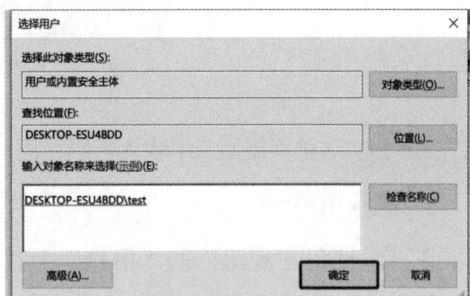

在图 2-8 所示界面单击下方的"应用"按钮，成功将刚才新增的账户"test"添加到"Administrators"（管理员）组，单击"确定"按钮退出即可。

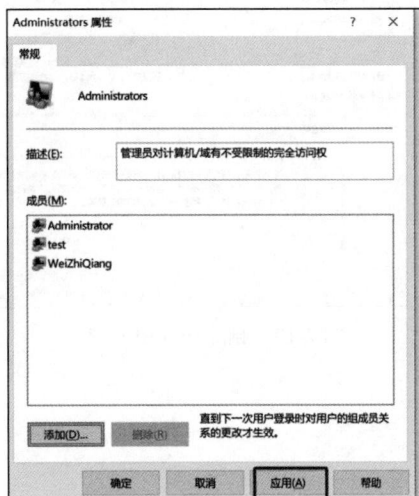

图 2-8　应用添加组操作

2. 设置密码

在"本地用户和组"的"用户"中找到 test 账户，在其上单击鼠标右键，选择快捷菜单中的"设置密码"选项，在弹出的对话框中选择"继续"按钮，如图 2-9 所示。

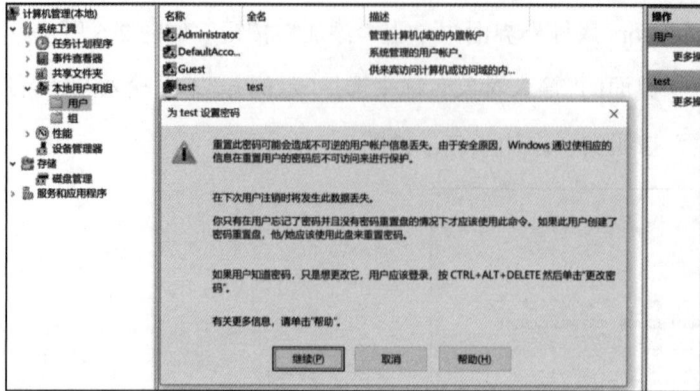

图 2-9　选择需设置密码的用户

在界面（这里不展示）中输入密码之后进行保存，单击"确定"按钮即可完成密码的设置。

3．删除用户

在"本地用户和组"的"用户"中找到要删除的账户，比如 test 账户，在其上单击鼠标右键，选择快捷菜单中的"删除"选项，在弹出的对话框中单击"是"按钮即可，如图 2-10 所示。

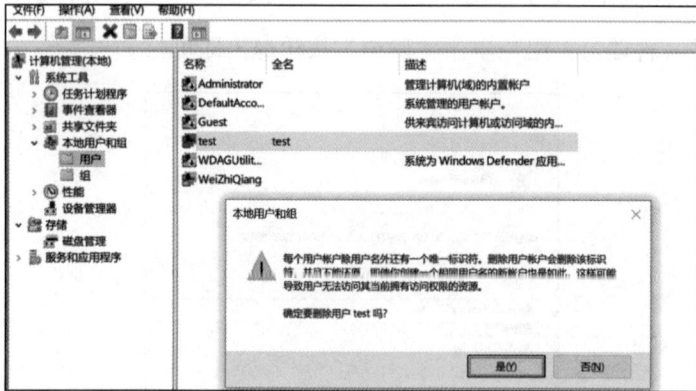

图 2-10　删除账（用）户

2.3.2　磁盘管理

1．分区管理

（1）创建分区

创建分区的步骤如下。

步骤 1：双击桌面上的"此电脑"图标，打开"此电脑"界面，在"计算机"选项卡

的"系统"组中单击"管理"按钮，打开"计算机管理"界面，选择"磁盘管理"选项，即可打开磁盘管理界面，如图 2-11 所示。

图 2-11 打开磁盘管理界面

步骤 2：单击要创建简单卷的动态磁盘上的可用空间（一般显示为绿色），然后执行"操作"→"所有任务"→"新建简单卷"命令，或在要创建简单卷的动态磁盘的可分配空间上单击鼠标右键，在弹出的快捷菜单中选择"新建简单卷"选项，即可打开"新建简单卷向导"对话框。在该对话框中指定卷的大小，并单击"下一步"按钮，如图 2-12 所示。

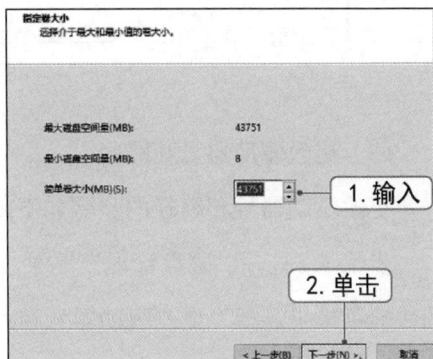

图 2-12 指定卷大小

步骤 3：分配驱动器号和路径后，继续单击"下一步"按钮，如图 2-13 所示。

步骤 4：设置所需参数，勾选"执行快速格式化"选项，继续单击"下一步"按钮，如图 2-14 所示。

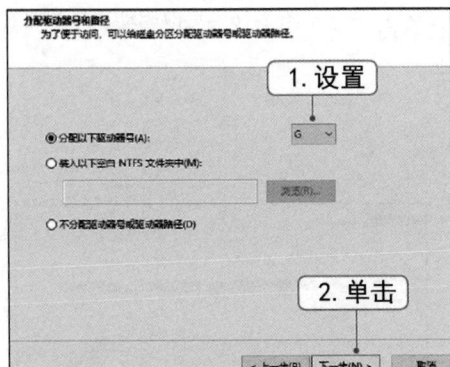

图 2-13 分配驱动器号和路径

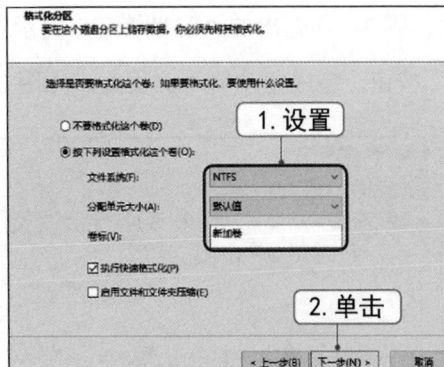

图 2-14 格式化分区

步骤 5：格式化完成后将显示设定的参数，单击"完成"按钮，即可完成创建新建卷的操作。

（2）删除分区

打开"磁盘管理"界面，在需要删除的简单卷上单击鼠标右键，在弹出的快捷菜单中选择"删除卷"选项或执行"操作"→"所有任务"→"删除卷"命令，系统将打开提示对话框，单击"是"按钮完成卷的删除，删除后原区域显示为可用空间，如图 2-15 所示。

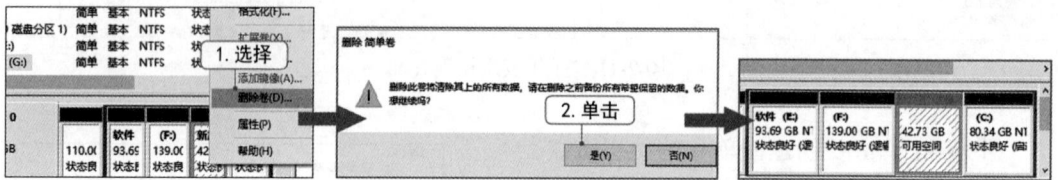

图 2-15　删除分区

（3）更改驱动器号和路径

更改驱动器号和路径的步骤如下。

步骤 1：打开"磁盘管理"界面，在要更改的驱动器号的卷上单击鼠标右键，在弹出的快捷菜单中选择"更改驱动器号和路径"选项或执行"操作"→"所有任务"→"更改驱动器号和路径"命令，打开更改该卷驱动器号和路径的对话框，然后单击"更改"按钮，如图 2-16 所示。

步骤 2：打开"更改驱动器号和路径"对话框，从右侧的下拉列表中选择新分配的驱动器号，然后单击"确定"按钮，如图 2-17 所示。

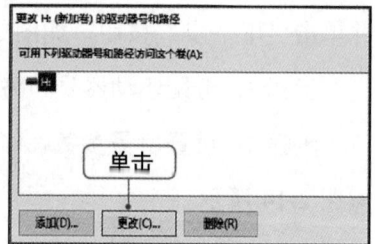

图 2-16　更改驱动器号和路径

步骤 3：在弹出的"磁盘管理"提示对话框中单击"是"按钮，完成驱动器号的更改，如图 2-18 所示。

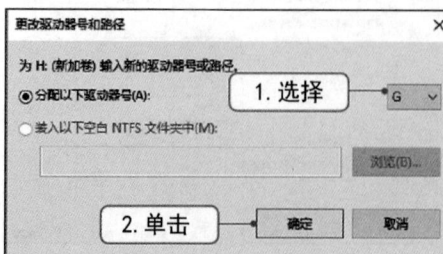

图 2-17　分配驱动器号

图 2-18　保存

2．格式化磁盘

格式化磁盘有以下两种方法。

方法 1：通过资源管理器格式化磁盘。在"资源管理器"界面中需要格式化的磁盘上，在弹出的快捷菜单中选择"格式化"选项，打开"格式化"对话框，进行格式化设置后单击"开始"按钮即可，如图 2-19 所示。

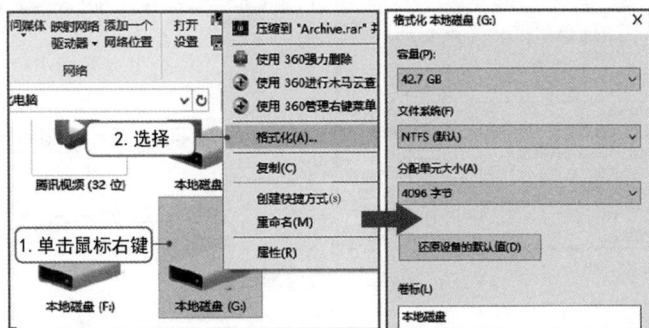

图 2-19　通过资源管理器格式化磁盘

方法 2：通过磁盘管理格式化磁盘。打开"磁盘管理"界面，在要格式化的磁盘上单击鼠标右键，在弹出的快捷菜单中选择"格式化"选项，或执行"操作"→"所有任务"→"格式化"命令，打开"格式化"对话框，在对话框中设置格式化限制和参数，然后单击"确定"按钮，完成格式化操作，如图 2-20 所示。

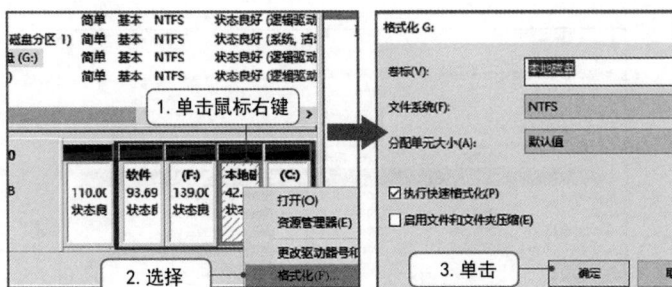

图 2-20　通过磁盘管理格式化磁盘

3．清理磁盘

用户在使用计算机进行读/写与安装操作时，会留下大量的临时文件和没有用的文件。这些文件不仅占用磁盘空间，还会降低系统的处理速度，因此需要定期进行磁盘清理，具体步骤如下。

步骤 1：执行"开始"→"所有程序"→"Windows 管理工具"→"磁盘管理"命令，

打开"磁盘清理：驱动器选择"对话框（这里不展示）。在对话框中选择需要进行清理的 C 盘，单击"确定"按钮，系统计算可以释放的空间后打开磁盘清理对话框。

步骤 2：在对话框的"要删除的文件"列表框中勾选"已下载的程序文件"和"Internet 临时文件"选项，然后单击"确定"按钮，即可开始进行磁盘清理，如图 2-21 所示。

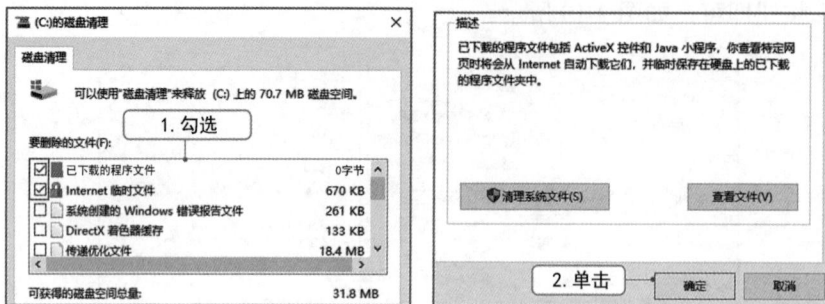

图 2-21　清理磁盘

4．整理磁盘碎片

整理磁盘碎片的操作如下。

依次选择"开始"→"所有程序"→"Windows 管理工具"→"碎片整理和优化驱动器"选项，打开图 2-22 所示"优化驱动器"对话框。在对话框中选择要整理的 C 盘，单击"分析"按钮开始对所选的磁盘进行分析。分析结束后单击"优化"按钮，开始对所选的磁盘进行碎片整理。在"优化驱动器"对话框中，我们可以同时选择多个磁盘进行分析和优化。

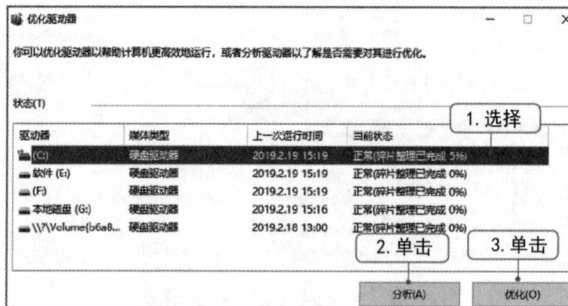

图 2-22　整理磁盘碎片的操作

2.3.3　任务管理

任务管理器是 Windows 中一个重要工具，具有图形化界面，提供了实时的系统和进程信息。通过任务管理器，用户可以查看运行中的应用程序、进程、服务等。此外，任务管理器还提供了结束进程、启动应用程序、监控系统性能等功能。

1. 打开任务管理器

在 Windows 中，打开任务管理器有多种方式。最常用的方式是通过组合键 Ctrl+Shift+Esc 快速打开任务管理器。除此之外，用户还可以通过鼠标右键单击任务栏，选择"任务管理器"选项这种方式来打开任务管理器。

2. 任务管理器的界面

任务管理器的界面主要由 7 个选项卡组成，分别是进程、性能、应用历史记录、启动、用户、详细信息、服务，如图 2-23 所示。下面重点介绍其中的 5 个选项卡。

进程选项卡：显示当前正在运行的进程，包括应用程序和系统进程。用户可以查看进程对 CPU、内存、磁盘等的占用情况，还可以结束不响应的进程。

性能选项卡：展示系统的性能信息，包括 CPU、内存、磁盘、网络等的使用情况。用户可以通过这个选项卡了解系统的资源状况，并找到可能的性能瓶颈。

应用历史记录选项卡：列出了正在运行的应用程序。用户可以通过这个选项卡查看应用程序的状态、CPU 的使用时间和网络活动的流量等，并且可以通过鼠标右键单击应用程序来进行操作，如关闭应用程序。

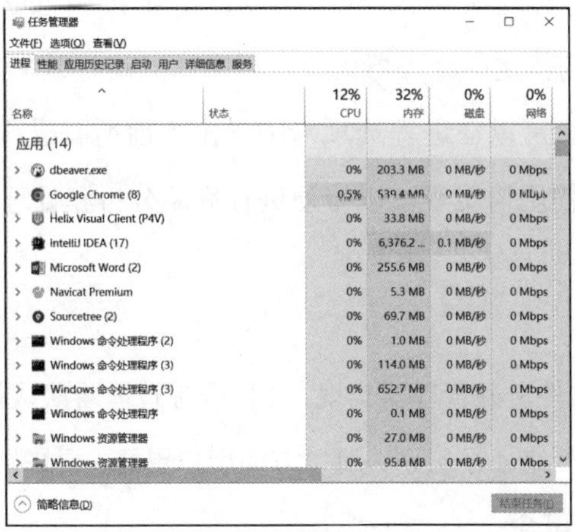

图 2-23 "任务管理器"界面

启动选项卡：列出了系统启动时自动运行的程序。用户可以在这个选项卡中禁用某些程序的自启动，以加快系统的启动速度。

服务选项卡：显示正在运行的系统服务。用户可以通过这个选项卡查看服务的状态和描述，并且可以通过鼠标右键单击服务来进行操作，如停止或启动服务。

3．任务管理器的常用功能

任务管理器提供的以下常用功能可以帮助用户更好地管理系统和进程。

结束进程：当一个程序不响应或占用过多系统资源时，用户可以通过任务管理器结束进程。只要选中需要结束的进程，然后单击"结束任务"按钮即可。

分析性能瓶颈：通过性能选项卡，用户可以查看系统资源的使用情况，找到可能导致系统性能下降的瓶颈。例如，CPU 占用率过高，用户可以通过性能选项卡下的"资源监视器"查看具体的占用情况，从而找到问题所在。

监控网络使用情况：在性能选项卡中，用户可以查看网络的使用情况，包括网络速度、时延等。这对诊断网络问题和监控网络状况非常有帮助。

禁用自启动程序：在启动选项卡中，用户可以禁用一些不必要的自启动程序，以加快系统的启动速度并减少系统资源的占用。

4．任务管理器的高级功能

除了上述常用功能，任务管理器还提供了一些高级功能，以满足更专业的需求，具体如下。

调整优先级：通过进程选项卡，用户可以为某个进程调整优先级，以确保其在系统资源有限的情况下得到更好的运行。高优先级的进程优先获得 CPU 的执行时间。

处理器亲和性：在进程选项卡中，用户可以设置某个进程的处理器亲和性。这样，用户可以将某个进程绑定到特定的处理器内核，以提高其运行效率。

导出进程信息：用户可以在进程选项卡中导出当前所有进程的详细信息，包括进程 ID、CPU 使用率、内存使用情况等，以方便进行后续分析和处理。

2.3.4 文件管理

文件管理主要通过文件资源管理器实现。文件资源管理器默认将计算机资源分为快速访问、OneDrive、此电脑、网络 4 个类别，可以方便用户更好、更快地组织、管理及应用资源。

1．文件系统的相关概念

（1）硬盘分区与盘符

硬盘分区是指将硬盘划分为几个独立的区域，这样可以更加方便地存储和管理数据。格式化可将分区划分成可以用来存储数据的一个个紧邻的小单位，操作系统在安装时会对硬盘进行分区。盘符是 Windows 系统对磁盘存储设备的标识符，一般使用 26 个英文字符加上一个英文冒号"："来标识，如"本地磁盘(C:)"中的"C"就是该盘的盘符。

（2）文件

文件是指保存在计算机中的各种信息和数据。计算机中的文件类型有很多种，如文档、表格、图片、音乐、应用程序等。默认情况下，文件在计算机中是以图标形式显示的，由文件图标和文件名称两部分组成。

（3）文件夹

文件夹用于保存和管理计算机中的文件，它本身没有任何内容，却可包含多个文件和子文件夹，让用户能够快速地找到所需的文件。文件夹一般由文件夹图标和文件夹名称两部分组成。

（4）文件路径

在对文件进行操作时，除了要知道文件名，还需要指出文件所在的盘符和文件夹，即文件在计算机中的位置，人们称之为文件路径。文件路径包括相对路径和绝对路径两种。相对路径是以".."（表示当前文件夹）、".."（表示上级文件夹）或文件夹名称（表示当前文件夹中的子文件名）开头。绝对路径是指文件或目录在硬盘上存储的绝对位置。

2．文件管理界面

双击桌面上的"此电脑"图标或单击任务栏上的"文件资源管理器"按钮，打开文件资源管理器对话框，单击导航窗格中各类别图标左侧的图标，可依次按层级展开文件夹，选择某个需要的文件夹后，其右侧将显示相应的文件内容。

3．文件或文件夹操作

（1）选中单个文件或文件夹

使用鼠标直接单击文件或文件夹图标即可将其选中，被选中的文件或文件夹的周围将出现背景色。如图 2-24 所示，被选中的文件夹图标的背景与周围其他未被选中的文件夹明显不同。

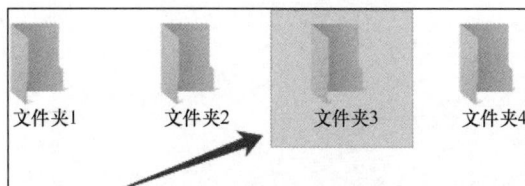

图 2-24　选中单个文件夹效果

（2）新建文件或文件夹

新建文件是指根据计算机中已安装的程序类别，新建一个相应类型的空白文件，新建后可以双击打开该文件并编辑文件内容。如果需要将一些文件分类整理在一个文件夹中以便日后管理，就需要新建文件夹。

（3）移动、复制、重命名文件或文件夹

移动文件或文件夹是将文件或文件夹移动到另一个文件夹中。复制文件或文件夹相当于为文件或文件夹做一个备份，原文件夹下的文件或文件夹仍然存在。重命名文件或文件夹即为文件或文件夹更换一个名称。

（4）删除和还原文件或文件夹

删除一些没有用的文件或文件夹，可以减少磁盘上的多余文件量，释放磁盘空间，同时也便于管理文件。删除的文件或文件夹实际上被移动到"回收站"中，若误删除文件或文件夹，还可以通过还原操作将其还原到原处。

（5）搜索文件或文件夹

如果用户不知道文件或文件夹在磁盘中的位置，可以使用 Windows 的搜索功能来查找。

（6）库的使用

在 Windows 中，库的功能类似于文件夹，但它只提供管理文件的索引，即用户可以通过库来直接访问，而不需要通过保存文件的位置来查找，因此文件并没有真正地被存储在库中。Windows 中自带了视频、图片、文档下载、音乐等多个库，如图 2-25 所示。用户可将这类常用文件添加到库中，根据需要也可以新建库文件夹。

图 2-25　库

2.4 项目实验

2.4.1 账户管理

1. 创建用户账户

创建用户账户的步骤如下。

步骤 1：打开 Windows 10 中的"设置"界面。

步骤 2：选择"账户"选项。

步骤 3：选择"家庭和其他用户"选项。

步骤 4：在"其他用户"下，选择"将其他人添加到这台电脑"选项，其界面如图 2-26 所示。

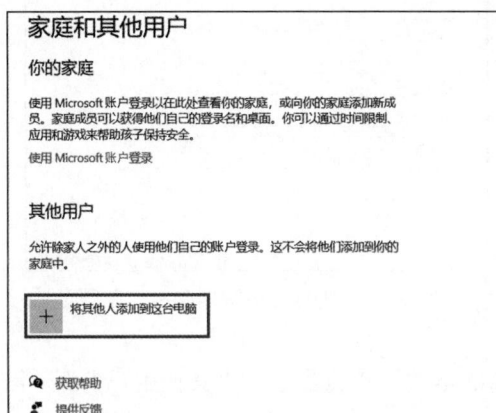

图 2-26　"家庭和其他用户"界面

步骤 5：选择"我没有这个人的登录信息"选项，其界面如图 2-27 所示。

步骤 6：选择"添加一个没有 Microsoft 账户的用户"选项，其界面如图 2-28 所示。

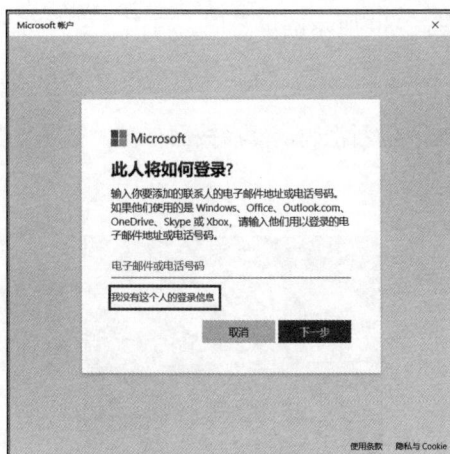

图 2-27　"此人将如何登录"界面

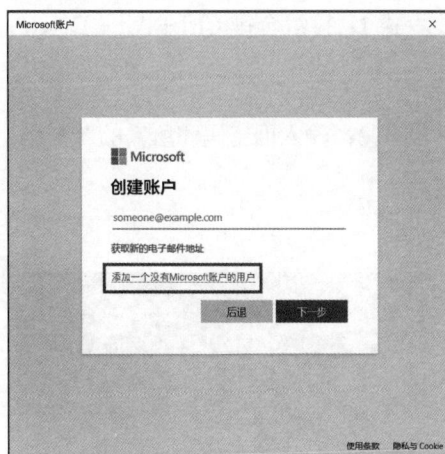

图 2-28　"创建账户"界面

步骤 7：在图 2-29 所示"为这台电脑创建账户"界面下设置新账户信息。如果密码丢失，那么可以通过创建的安全问题和答案恢复账户。之后单击"下一步"按钮，完成新账户的创建。

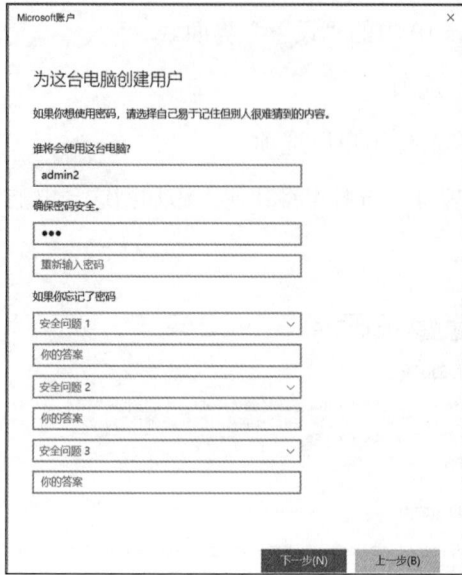

图 2-29　"为这台电脑创建用户"界面

完成这些步骤后，新的本地账户将显示在"其他用户"下。需要注意的是，出于安全原因，Windows 创建的每个新账户都具有限制 Windows 可用性的标准权限。如果希望用户拥有更多权限来安装应用程序和进行系统更改，那么需要更改其账户类型为"管理员"。

2．修改用户账户密码

修改用户账户密码的步骤如下。

步骤 1：按组合键 Ctrl + Alt + Delete，当看到图 2-30 所示的屏幕时，单击"更改密码"选项。

步骤 2：输入旧密码和所需的新密码，并确认输入的新密码，然后按回车键，如图 2-31 所示。

图 2-30　选择"更改密码"选项

图 2-31　设置新密码

步骤 3：密码修改成功后，单击图 2-31 所示界面的"确定"按钮。

3．删除用户账户

删除用户账户的步骤如下。

步骤 1：打开"设置"界面。

步骤 2：选择"账户"选项。

步骤 3：选择"家庭和其他人"选项。

步骤 4：在图 2-32 所示"家庭和其他用户"界面的"其他用户"区域，选择要删除的用户账户，如本地账户 admin2，并单击"删除"按钮即可。

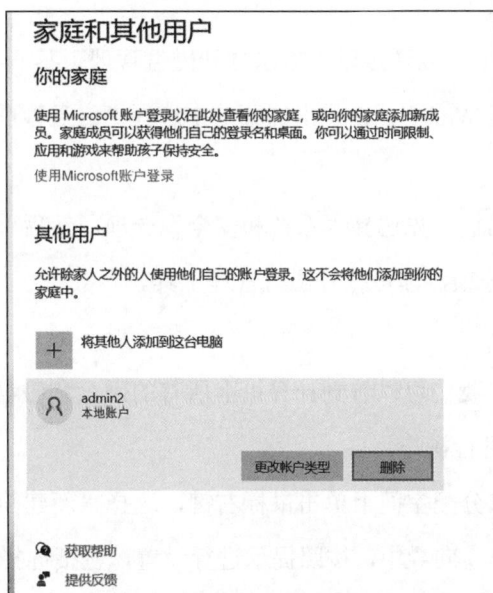

图 2-32　"家庭和其他用户"界面

步骤 5：单击"删除账户和数据"按钮，确认删除账户，其界面如图 2-33 所示。

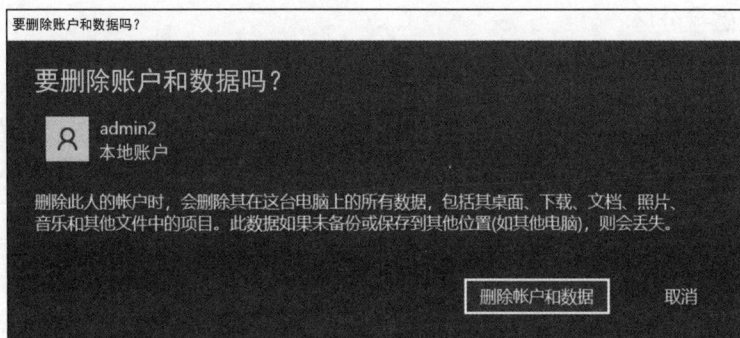

图 2-33　"要删除账户和数据吗？"界面

完成这些步骤后，系统将删除相应的用户账户及其数据。

2.4.2 磁盘管理

1. 创建、格式化和删除磁盘分区

（1）磁盘分区的概念和原理

磁盘分区是指将物理硬盘划分为若干个逻辑部分的过程。每个磁盘分区会被视为一个独立的存储设备，可以独立进行管理和格式化。磁盘分区的主要目的是提高文件系统的效率，助益数据的组织和管理。

（2）打开磁盘管理工具

在 Windows 中，我们可以通过以下方法打开磁盘管理工具。

方法 1：按下组合键 Win+X，在弹出的菜单中选择"磁盘管理"选项，即可打开磁盘管理工具。

方法 2：打开控制面板，先选择"系统和安全"选项，然后单击"管理工具"按钮，最后选择"磁盘管理"选项，即可打开磁盘管理工具。

（3）新建磁盘分区

在磁盘管理工具中，我们可以看到计算机上所有的硬盘和磁盘分区。新建一个磁盘分区，可以按照以下步骤进行操作。

步骤 1：在硬盘的未分配空间上单击鼠标右键，选择"新建简单卷"选项。

步骤 2：在新建简单卷向导中，按照提示进行设置，包括选择分区大小、分配驱动器号等。

步骤 3：为新分区分配一个文件系统，如新技术文件系统（new technology file system，NTFS），并选择格式化选项。

（4）删除磁盘分区

如果要删除一个磁盘分区，那么可以按照以下步骤进行操作。

步骤 1：在磁盘管理工具中，找到要删除的磁盘分区，在其上单击鼠标右键，并选择快捷菜单的"删除分区"选项。

步骤 2：在确认删除分区对话框中单击"是"按钮。

（5）格式化磁盘分区

格式化是指对磁盘分区进行初始化的过程，清除磁盘上的数据并为其创建新的文件系

统。在格式化之前，我们必须确保备份了分区上的所有重要数据，这是因为格式化会使分区上的所有数据丢失。格式化的步骤如下。

步骤 1：在磁盘管理工具中，找到要格式化的磁盘分区，在其上单击鼠标右键，并选择快捷菜单的"格式化"选项。

步骤 2：在格式化对话框中，我们可以选择文件系统类型（如 NTFS、FAT32 等）和分配单位大小。

步骤 3：填写新卷标（可选），并单击"开始"按钮。

2．管理文件系统

（1）文件分类与整理

使用文件夹和子文件夹进行分类和整理：将文件按照不同的类别放入不同的文件夹，这样可以更方便地查找和管理文件。

使用标签和关键字进行标记：给文件添加标签和关键字，这样可以通过搜索功能快速找到需要的文件。

使用文件名规范：给文件命名时可以采用一定的规范，如使用日期、项目名称等，这样便于快速识别和排序。

（2）快速访问和搜索

使用快速访问功能：将常用的文件和文件夹固定在快速访问栏中，以便快速打开和访问。

使用搜索功能：在文件资源管理器中使用搜索功能，可以根据义件名、标签、关键字等快速找到需要的文件。

使用筛选功能：在文件夹中根据文件属性（如大小、日期等）进行筛选，从而快速找到符合条件的文件。

（3）文件备份和恢复

使用云存储服务：将重要的文件备份到云存储服务中，这样可以避免文件丢失和损坏。

定期备份文件：定期将重要的文件备份到外部存储设备，这样可以防止因计算机故障而丢失数据。

使用文件历史功能：Windows 提供了文件历史功能，这样可以自动备份文件的不同版本，方便恢复误操作或丢失的文件。

（4）文件共享和协作

使用共享文件夹：将需要共享的文件放入共享文件夹中，这样可以方便他人访问和编辑文件。

使用云存储协作：将文件上传到云存储服务中，并与他人共享，这样可以实现多人协作编辑和版本控制。

使用远程桌面功能：通过远程桌面功能，人们可以远程访问其他计算机，方便文件共享和协作。

3. 磁盘清理和磁盘碎片整理

（1）磁盘碎片

随着计算机硬盘使用时间的增长，磁盘上会产生大量的碎片。这些碎片分布在磁盘的各个角落，严重影响磁盘的响应速度。为了在一定程度上提高系统性能，定期使用 Windows 磁盘碎片整理工具来进行碎片整理是非常有必要的。通过整理碎片，磁盘上的数据可以得到重新组织，变得更加紧凑和有序。

磁盘碎片整理前后的对比如图 2-34 所示。Windows 磁盘碎片整理工具的作用就是将分布散乱的数据整理到一起，以更方便地进行读/写操作。碎片整理可以看作将项目分散的数据片段重新整合，让它们连续地存储在一起，这样读取和写入数据时会更加高效。通过磁盘碎片整理，硬盘的数据存储布局得到了优化，提高了系统的响应速度和整体性能。

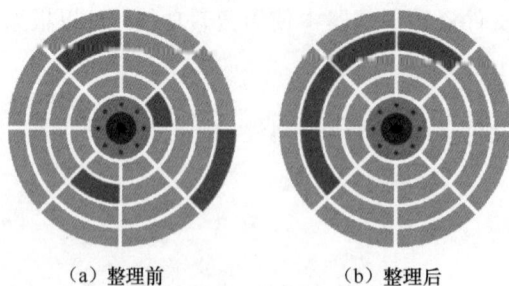

（a）整理前　　　　　　（b）整理后

图 2-34　磁盘碎片整理前后的对比

（2）磁盘碎片整理

打开 Windows 磁盘碎片整理的方法有以下几种。

方法 1：在搜索框中输入"碎片整理和优化驱动器"，并在搜索结果中选择"打开"选项，如图 2-35 所示。

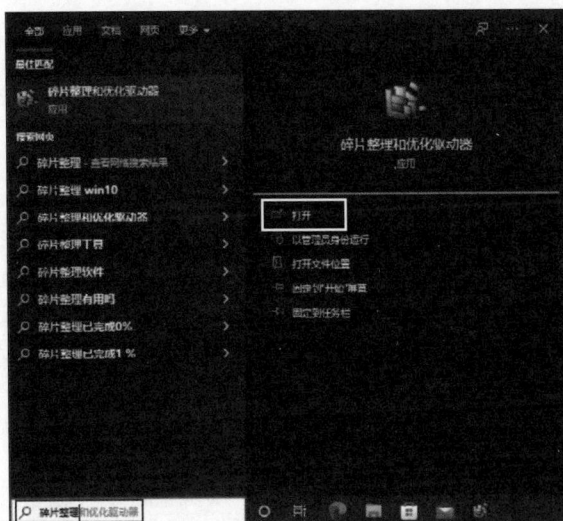

图 2-35 "碎片管理和优化驱动器"搜索结果

方法 2：单击左下角"开始"菜单，在"Windows 管理工具"下找到并打开"碎片整理和优化驱动器"，如图 2-36 所示。

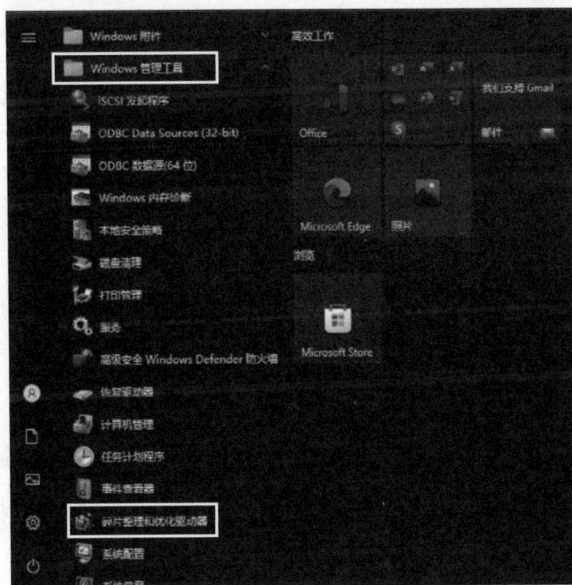

图 2-36 找到并打开"碎片整理和优化驱动器"选项

方法 3：在 Windows 文件资源管理器或磁盘管理中选择需要优化的分区，如 C 盘，使用鼠标右键单击该盘，在弹出的快捷菜单中选择"属性"选项，在属性界面中切换到"工具"选项卡就可以看到"对驱动器进行优化和碎片整理"，单击"优化"按钮即可打开 Windows 磁盘碎片整理界面。

方法 4：按组合键 Win + R 打开运行框，输入 "dfrgui.exe"，单击 "确定" 按钮或按回车键即可打开 "优化驱动器" 界面，如图 2-37 所示。在该界面选择需要进行碎片整理的卷，单击下方的 "优化" 按钮即可。

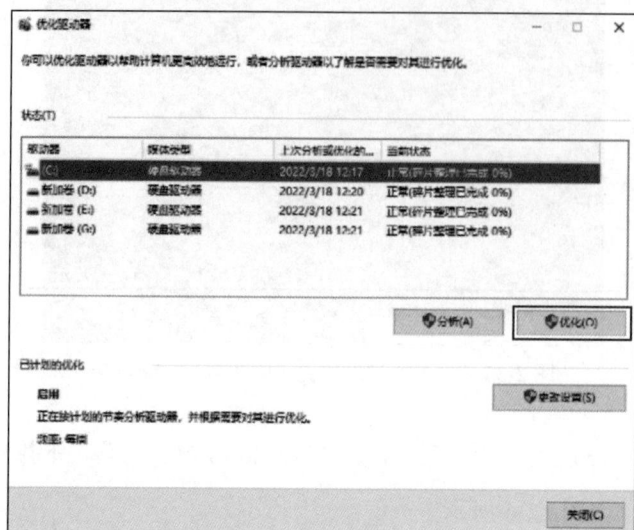

图 2-37　"优化驱动器" 界面

如果用户希望取消磁盘碎片定期整理，那么需要单击图 2-37 中的 "更改设置" 按钮，在弹出的界面中将 "优化计划" 下边的 "按计划运行" 前的选项框取消勾选。

2.4.3　任务管理

在 Windows 中，打开任务管理器可以通过以下几种方法，并根据需要执行相应的操作。

方法 1：使用组合键。按下组合键 Ctrl + Shift + Esc，可以直接打开 "任务管理器" 界面。

方法 2：使用 "开始" 菜单搜索。单击 "开始" 菜单按钮（通常是左下角的 Windows 图标），然后在搜索框中输入关键字 "任务管理器"。从搜索结果中选择 "任务管理器" 应用程序，即可打开 "任务管理器" 界面。

方法 3：使用运行对话框。按下组合键 Win + R 打开运行对话框，在对话框中输入 "taskmgr"（不带引号），并单击 "确定" 按钮或按下回车键，即可打开 "任务管理器" 界面。

"任务管理器" 界面如图 2-38 所示，我们在其上可以查看运行中的进程。当需要结束一个进程时，只需要使用鼠标右键单击该进程，在弹出的快捷菜单中选择 "结束任务" 选项就可以了。同时，任务管理器也可以监控各个进程占有的资源量。

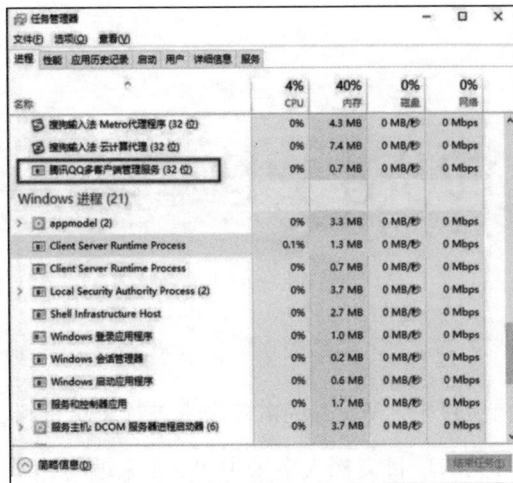

图 2-38 "任务管理器"界面

2.5 习题

1．练习使用 Windows 10 的资源管理功能，如文件管理、文件和文件夹的基本操作、回收站的管理、资源管理器的使用、资源搜索。

2．练习在 Windows 10 上安装硬件与管理驱动，如安装新硬件、安装硬件驱动程序、管理已安装的硬件设备、使用驱动程序管理工具。

3．练习在 Windows 10 上安装与管理应用软件。

4．练习在 Windows 10 上设置个性化系统环境。

项目三 Word 文档编辑

在实际的工业互联网项目中，Word 经常被用来进行编辑资料。例如，流程控制、操作步骤、项目说明书等常见的项目文档大多采用 Word 来编写。学习 Word 文档的创建、编辑、排版、设置等操作方法，并熟练使用 Word，已成为工业互联网项目必学且必会的技能。Word 欢迎界面如图 3-1 所示。

图 3-1　Word 欢迎界面

本项目要求掌握 Word 的文本编辑、图表应用、页面设置等技能，并将这些技能应用于实操项目。

3.1　项目要求

（1）能够独立新建、保存、打开和关闭文档。

（2）能够独立完成简单的文档格式设置。

（3）能够独立完成文档表格的基本操作。

（4）能够独立完成文档图文并排的基本操作。

3.2　学习目标

☑　技能目标

（1）认识 Word。

（2）能够创建、保存及管理 Word 文档。

（3）能够掌握 Word 的基本操作，并能灵活运用于实际工作。

（4）掌握 Word 的文本编辑、格式设置、表格制作、打印文档等功能。

（5）熟练 Word 文档的图文混排的操作。

☑　**思政目标**

（1）通过简历排版、文档格式规范等实操内容，引导读者理解细节决定专业品质，培养精益求精的职业态度和严谨的文档处理习惯。

（2）结合"春节习俗"主题，鼓励读者用现代化工具展现传统文化，强化文化保护与创新的责任感。

（3）在图文素材使用、模板引用等环节，强调原创性与版权合规，培养尊重知识成果、规范引用资源的职业伦理。

☑　**素养目标**

（1）掌握页边距、分栏、页眉/页脚等排版方法，能独立完成简历、报告等专业文档的规范化编辑与输出。

（2）熟练运用表格、图文混排、样式模板等功能，实现复杂信息的逻辑组织与清晰呈现。

（3）根据需求灵活选用艺术字、文本框、页面边框等工具，适配求职简历、文化宣传等多元场景的文档设计需求。

3.3　相关知识

本项目使用的软件为 Microsoft Word 2016，它主要用于文档处理，可制作具有专业水准的文档，能轻松、高效地组织和编写文档。

3.3.1　Word 的启动

1. 打开 Word

通过"开始"菜单启动：单击桌面左下角的"开始"菜单按钮，在弹出的"开始"菜单中选择"所有程序"→"Word"选项，即可打开 Word 软件。

2．Word 的操作界面

启动 Word 后，打开的界面中将显示最近使用的文档信息，并提示用户创建一个新文档。选择要创建的文档类型后即可进入 Word 操作界面，如图 3-2 所示。

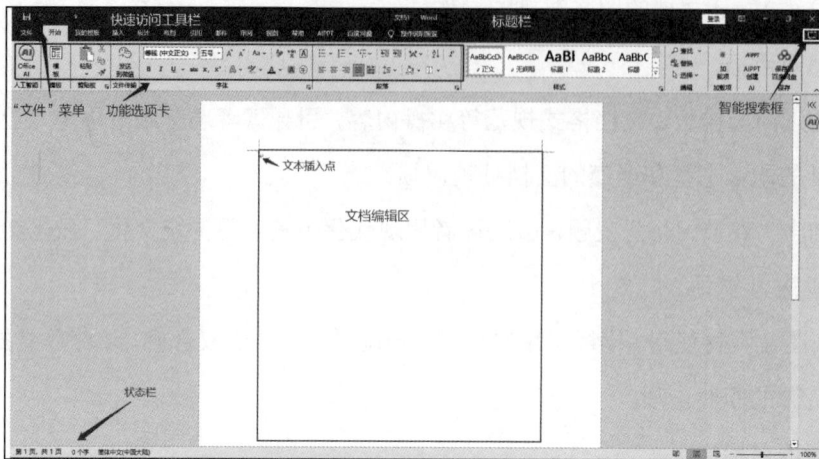

图 3-2　Word 操作界面

标题栏：位于 Word 操作界面的顶端，包括文档名称、"功能区显示选项"按钮（可对功能选项卡和命令区进行显示和隐藏操作）和"窗口控制"按钮组（可最大化、最小化和关闭界面）。

快速访问工具栏：显示了一些常用的工具按钮，默认按钮有"保存"按钮、"撤销"按钮、"恢复"按钮。用户还可自定义按钮，只需要单击该工具栏右侧的"自定义快速访问工具栏"按钮，在打开的下拉列表中选择相应选项即可。

"文件"菜单：主要用于执行文档的新建、打开、保存、共享等基本命令，菜单下方的"选项"命令可打开"Word 选项"对话框，在其中可对 Word 组件进行常规、显示、校对、自定义功能区等多项设置。

功能选项卡：单击功能选项卡中的任一选项卡，即可打开对应的功能区，单击其他选项卡可分别切换到相应的选项卡，每个选项卡中分别包含了相应的功能集合。

智能搜索框：通过该搜索框，用户可轻松找到相关的操作说明。例如，用户需要在文档中插入目录，便可以直接在搜索框中输入目录，此时会显示一些关于目录的信息，将鼠标指针定位至"目录"选项上，在打开的子列表中就可以快速选择自己想要插入目录的形式。

文档编辑区：对文本进行的各种操作都显示在该区域中。新建一个空白文档后，在文档编辑区的左上角将显示一个闪烁的光标，它所在的位置也被称为文本插入点。在新文档中，该光标所在位置便是文本的起始输入位置。

状态栏：位于操作界面的底端，主要用于显示当前文档的工作状态，包括当前页数、字数、输入状态等，右侧依次显示视图切换按钮和显示比例调节滑块。

3．Word 的视图方式

在 Word 中，单击"视图"选项卡即可进入视图选项区，如图 3-3 所示。Word 中有 5 种视图，分别为页面视图、阅读视图、Web 版式视图、大纲视图、草稿视图。

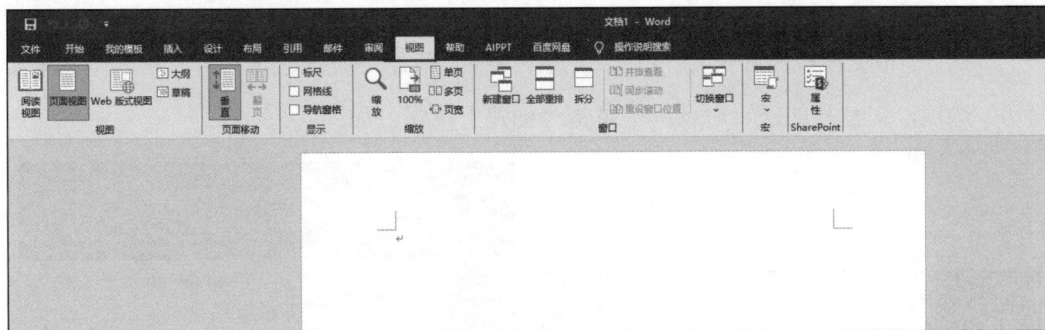

图 3-3　视图选项区

页面视图：默认的视图模式，在该视图中文档的显示与实际打印效果一致。

阅读视图：单击阅读视图选项可切换至阅读视图模式，该模式通过隐藏编辑工具、调整页面布局来提升阅读舒适度。

Web 版式视图：单击 Web 版式视图选项可切换至 Web 版式视图。在该视图中，文本和图形的显示与在 Web 浏览器中的显示一致。

大纲视图：单击大纲选项可切换至大纲视图。在该视图中，根据文档的标题级别显示文档的框架结构，单击"关闭大纲视图"按钮可关闭大纲视图，返回页面视图。

草稿视图：单击草稿选项可切换至草稿视图。该视图简化了页面的布局，主要显示文本及其格式，适合对文档进行编辑。

4．Word 的文档操作

（1）新建文档

新建文档的方法主要有 3 种，用户可根据需求选择合适的方法。

方法 1：直接通过组合键 Ctrl + N 创建文档。

方法 2：执行"文件"→"新建"命令，界面右侧会显示空白文档和带模板的文档样式，这里直接选择"空白文档"选项来新建文档，如图 3-4 所示。

图 3-4　新建空白文档

方法 3：根据模板新建文档，执行"文件"→"新建"命令，在界面右侧选择"精美简历"选项，在打开的提示对话框中单击"创建"按钮，如图 3-5 所示。

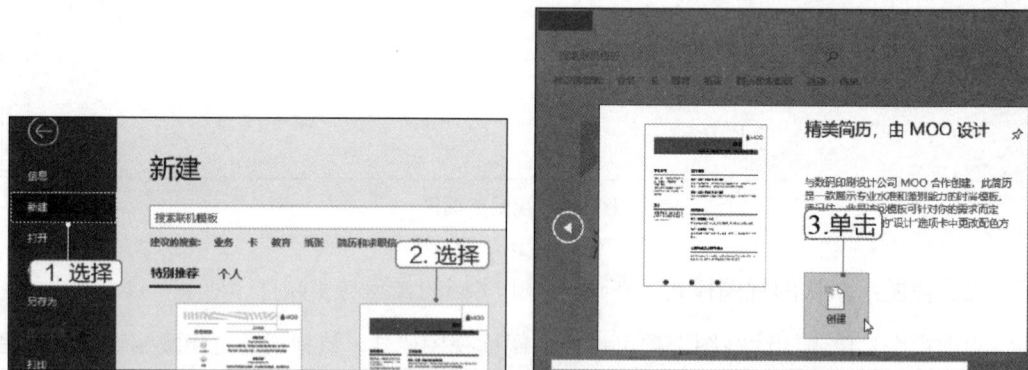

图 3-5　选择模板新建文档

（2）保存文档

保存新建的文档时，可直接单击"保存"按钮，也可执行"文件"→"保存"命令。

另存文档：执行"文件"→"另存为"命令，在打开的"另存为"界面中按保存文档的方法操作即可，如图 3-6 所示。

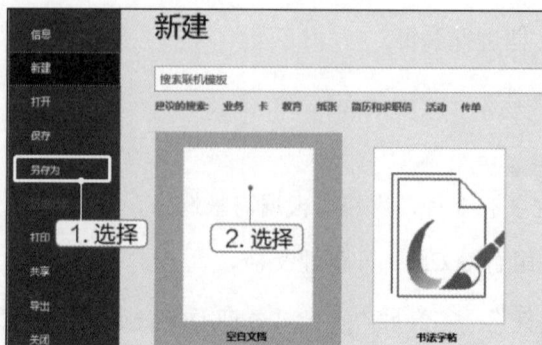

图 3-6　另存文档

5．Word 的退出

关闭当前正在编辑的文档，可执行"文件"→"关闭"命令，也可单击标题栏右侧的"关闭"按钮。

3.3.2　Word 的文本编辑

文本编辑是指对内容进行编辑，如输入与选择文本、插入与删除文本、复制与移动文本、查找与替换文本、撤销与恢复等操作。

1．输入与选择文本

输入标题：将鼠标指针移至文档上方的中间位置，当鼠标指针变成"I"形状时双击，将文本插入点定位到此处。输入文档标题"工作计划"文本，如图 3-7 所示。

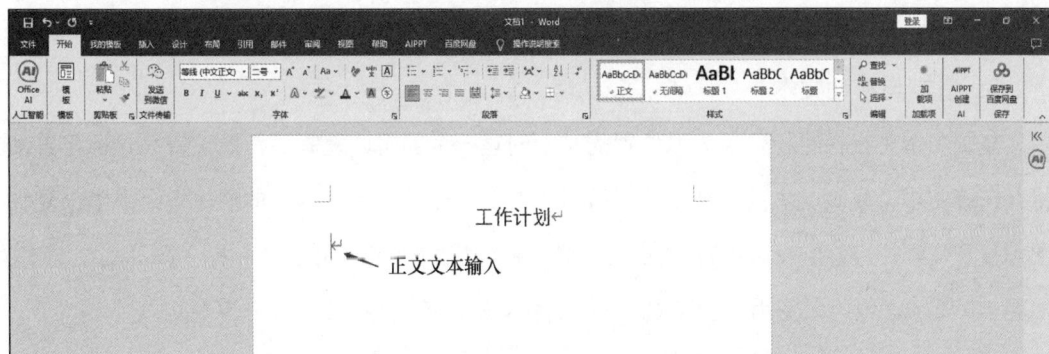

图 3-7　输入文本

输入文本：将光标移至文档标题下方左侧需要输入文本的位置，此时鼠标指针变成"⤆"形状，双击将文本插入点定位到此处，即可输入正文文本，如图 3-7 所示。换行需按回车键。使用相同的方法输入其他的文本，完成"工作计划"正文文本的输入。

选择文本：在待选择文本的开始位置单击鼠标左键后，按住鼠标左键不放并拖动到文本结束位置再放开鼠标左键，即可选文本。选择后的文本背景为灰色。

2．插入与删除文本

插入文本：光标在文档中不断闪烁，表示当前文档处于插入状态，如图 3-8 所示。直接将光标放在插入点处即可输入文本，该处文本后面的内容将随插入内容的增加自动向后移动。

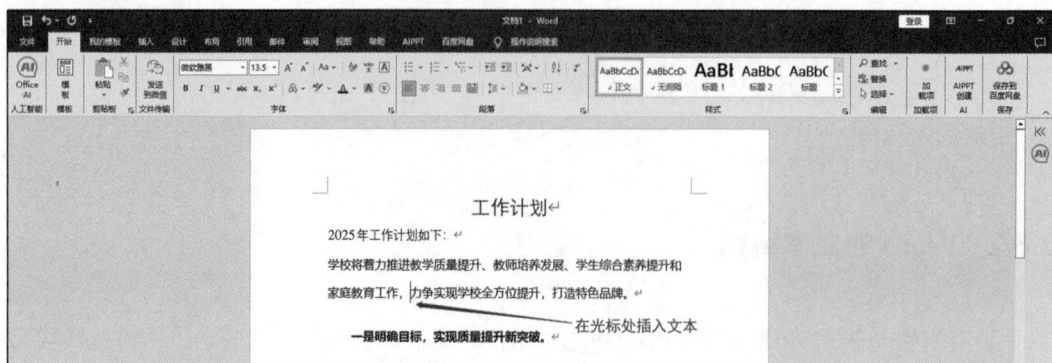

图 3-8 插入文本

删除文本：如果文档中输入了多余的文本，那么可使用删除操作将不需要的文本从文档中删除。删除文本主要有两种方法：①按 Backspace 键删除文本；②按 Delete 键删除文本。如果一次性删除的文本量大，那么可以先选中待删除文本，再按 Backspace 键或 Delete 键。

3．复制与移动文本

复制文本是指在目标位置为原位置的文本创建一个副本，复制后，原位置和目标位置都将存在该文本。复制文本的方法：选择所需文本后，在"开始"→"剪贴板"组中单击复制图标复制文本，定位到目标位置后在"开始"→"剪贴板"组中单击"粘贴"图标粘贴文本，如图 3-9 所示。也可以使用组合键 Ctrl＋C 复制文本，使用组合键 Ctrl＋V 粘贴文本。

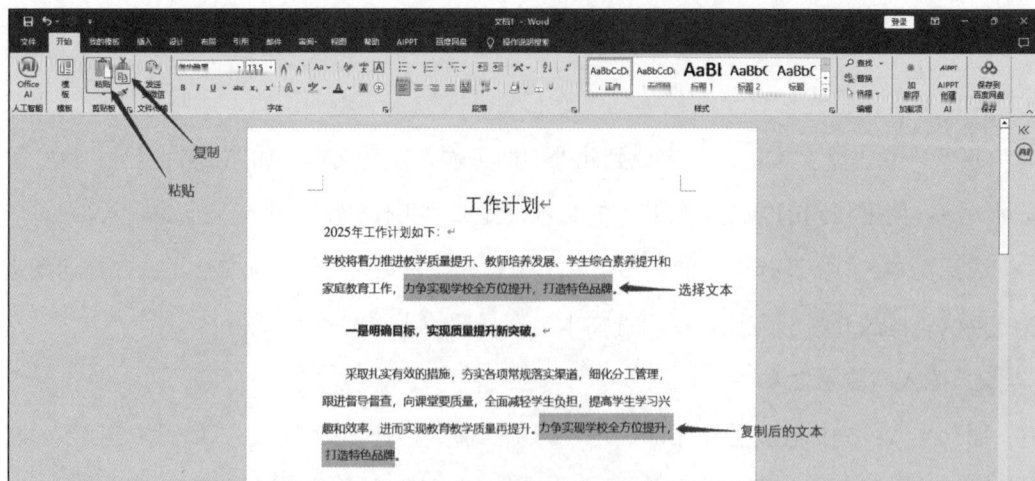

图 3-9 复制文本

移动文本是指将文本移动到他处，原位置文本将被删除。移动文本的方法是选择要移动的文本后在其上单击鼠标右键，在弹出的快捷菜单中选择"剪切"选项，如图 3-10 所示。定位到文本插入点后再次单击鼠标右键，在弹出的快捷菜单中选择"粘贴选项"中的"保留源格式"选项，即可移动文本。也可以使用组合键 Ctrl + X 剪切文本，使用组合键 Ctrl + V 粘贴文本。

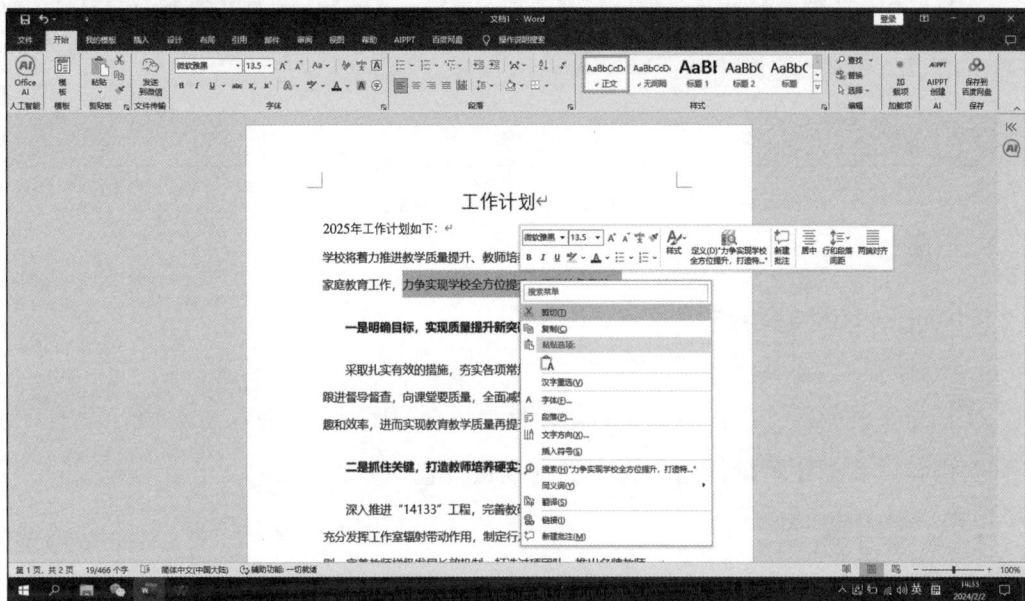

图 3-10   剪切文本

4．查找与替换文本

将文本插入点定位到文档中，在"开始"→"编辑"组中选择"替换"选项，如图 3-11 所示。或按组合键 Ctrl + H，即可打开"查找和替换"对话框。

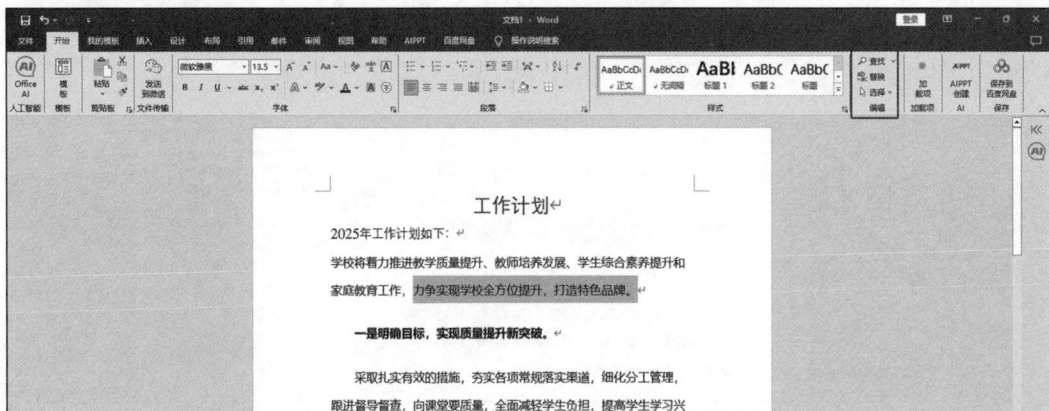

图 3-11   查找与替换选项

5．撤销与恢复

单击快速访问工具栏中的"撤销"按钮，即可撤销操作，恢复文档之前状态。单击"恢复"按钮，便可以恢复到撤销操作前的文档状态，如图 3-12 所示。

图 3-12　恢复与撤销按钮

3.3.3　Word 的文档排版

文档排版是指对文档内容的字符、段落、边框与底纹、项目符号等进行设置。对于同类内容，我们还可以使用格式刷进行批量设置。

1．设置字符格式

（1）通过浮动工具栏设置

选择一段文本后，所选文本的右上角将会自动显示一个浮动工具栏，如图 3-13 所示。该浮动工具栏最初为半透明状态显示，将鼠标指针指向该工具栏时会清晰地完全显示。浮动工具栏包含常用的设置选项，选择相应选项即可对文本的字符格式进行设置。

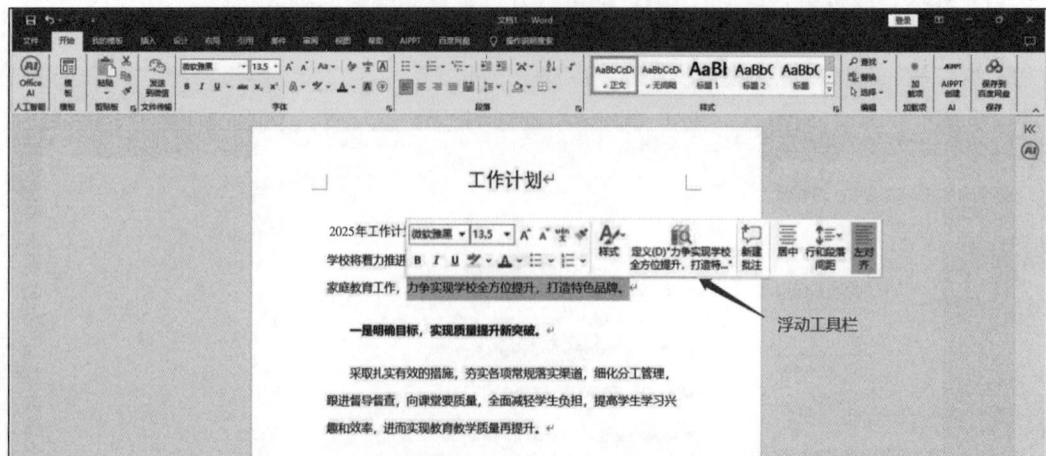

图 3-13　浮动工具栏

（2）通过功能区设置

在 Word 默认功能区的"开始"→"字体"组中可直接设置文本的字符格式，如字体、字号、颜色、字形等，如图 3-14 所示。

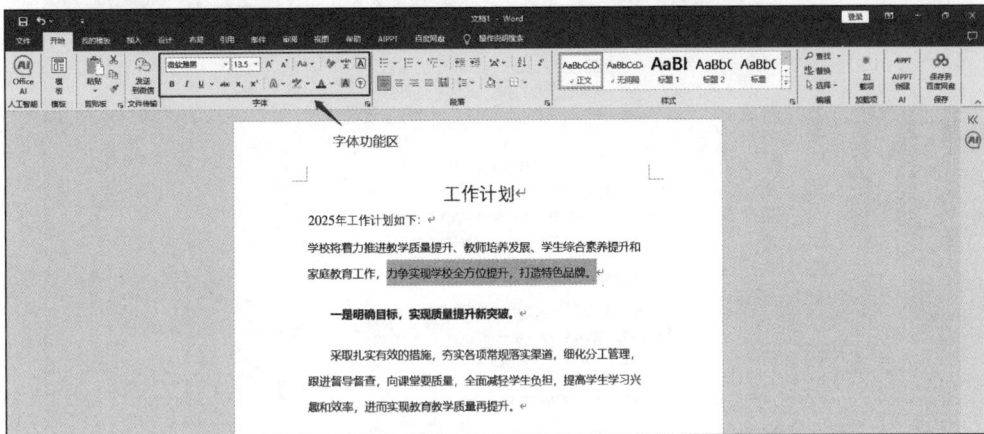

图 3-14　字体功能区

2. 设置段落格式

（1）设置段落对齐方式

设置段落对齐方式有两种方法。

方法 1：选择要设置的段落，在浮动工具栏中单击相应的对齐按钮，便可以设置段落对齐方式，如图 3-15 所示。

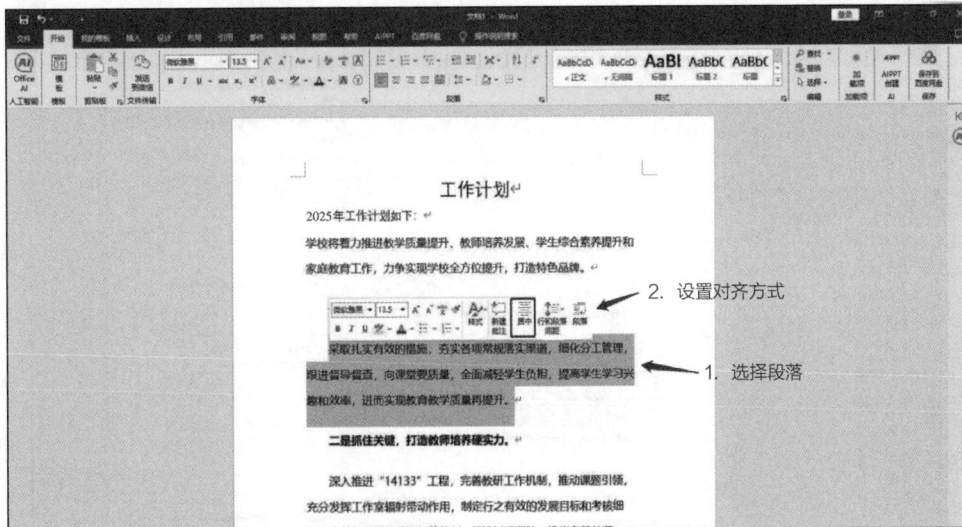

图 3-15　利用浮动工具栏设置段落对齐方式

方法 2：选择要设置的段落，选择"段落"组已有对齐方式，如图 3-16 所示。或单击段落组右下方的"展开"按钮，打开"段落"对话框，在该对话框中的"对齐方式"下拉列表中设置段落对齐方式。

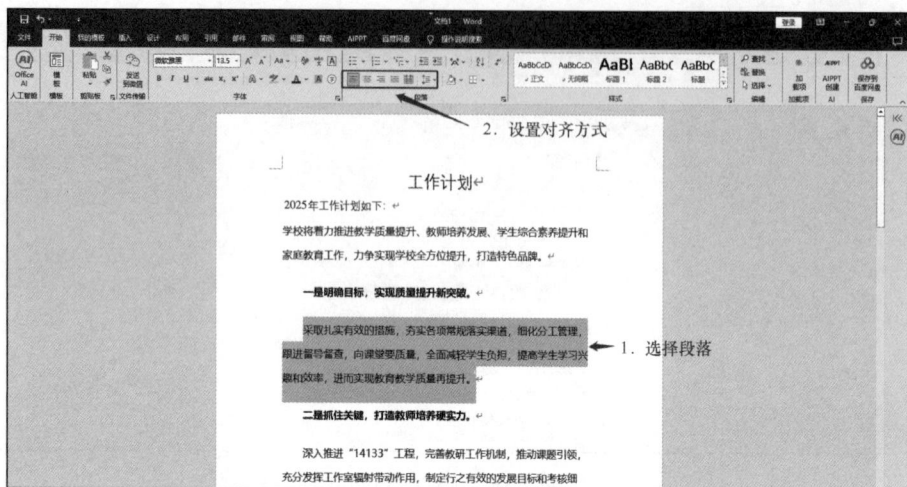

图 3-16 使用"段落"组设置段落对齐方式

（2）设置段落缩进和间距

选择要设置的段落，单击"段落"组右下方的"展开"按钮，打开"段落"对话框，在该对话框中的"缩进"栏中设置段落的缩进方式，在"间距"栏中的"段前"和"段后"数值框中输入值，在"行距"下拉列表框中选择相应的选项，即可设置段落的间距和行距，如图 3-17 所示。

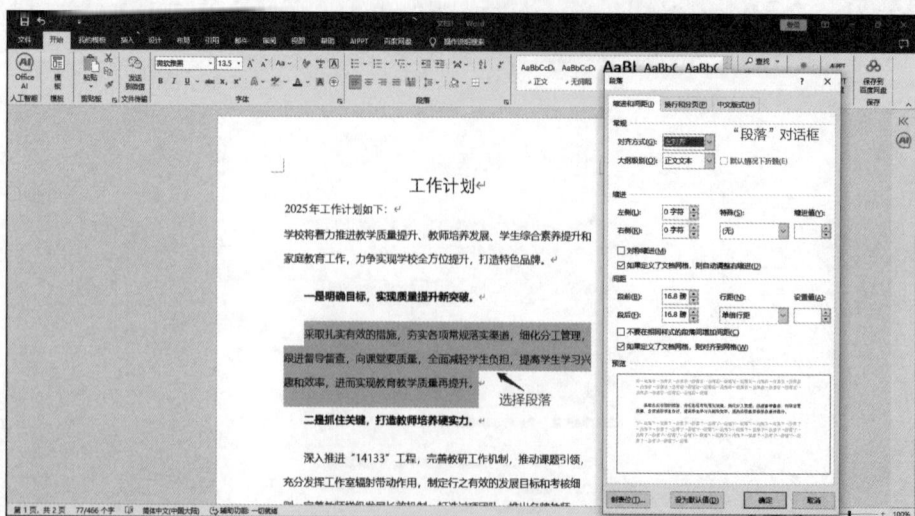

图 3-17 设置段落缩进和间距

3．设置边框与底纹

为字符设置边框和底纹：在"开始"→"字体"组中单击"字符边框"按钮，即可为选择的文本设置字符边框；在"字体"组中单击"字符底纹"按钮，即可为选择的文本设置字符底纹，如图 3-18 所示。

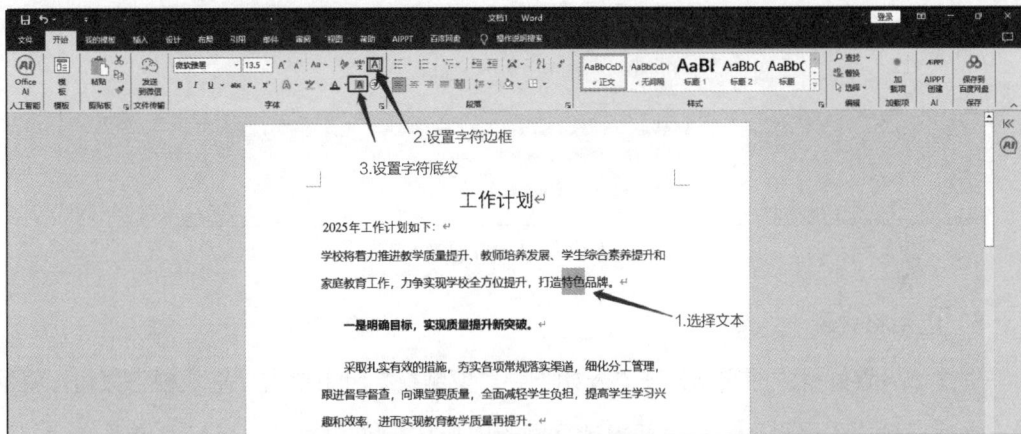

图 3-18　设置字符边框与底纹

为段落设置边框和底纹：选择段落，在"段落"组中，单击"边框"按钮右侧的下拉按钮即可选择边框样式；单击"底纹"按钮右侧的下拉按钮即可选择底纹样式，如图 3-19 所示。

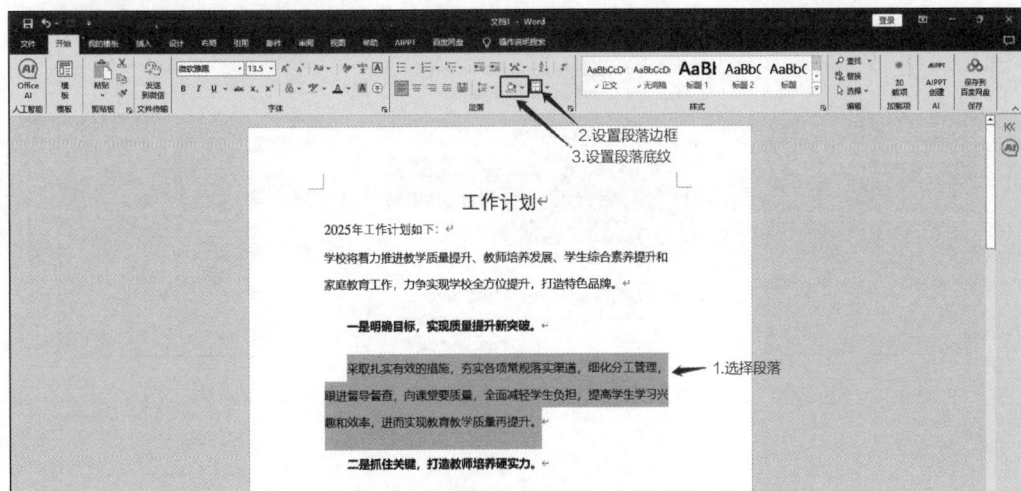

图 3-19　设置段落边框和底纹

4．设置项目符号

添加项目符号：选择需要添加项目符号的段落，在"开始"→"段落"组中单击"项目符号"按钮右侧的下拉按钮，在打开的下拉列表中选择一种项目符号样式即可，如图 3-20 所示。

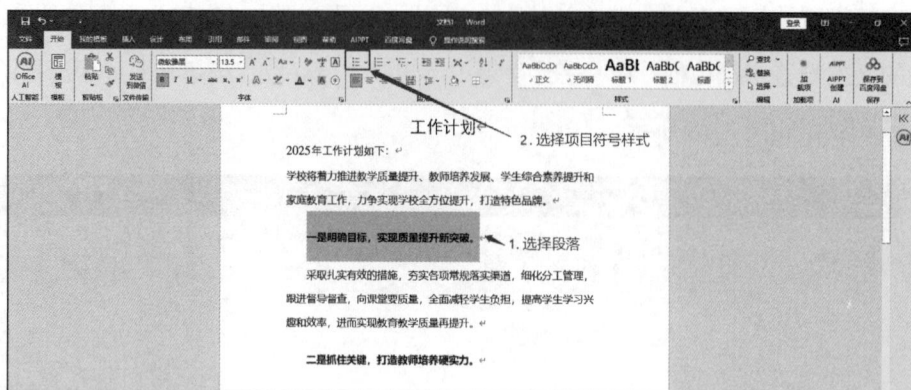

图 3-20　设置项目符号

5．应用格式刷

选择已设置好格式的文本，在"开始"→"剪贴板"组中单击"格式刷"按钮，将鼠标指针移动到文本编辑区，当鼠标指针呈刷子图形（ ）时，按住鼠标左键并拖动，便可为选择的文本应用设置好的格式，如图 3-21 所示。

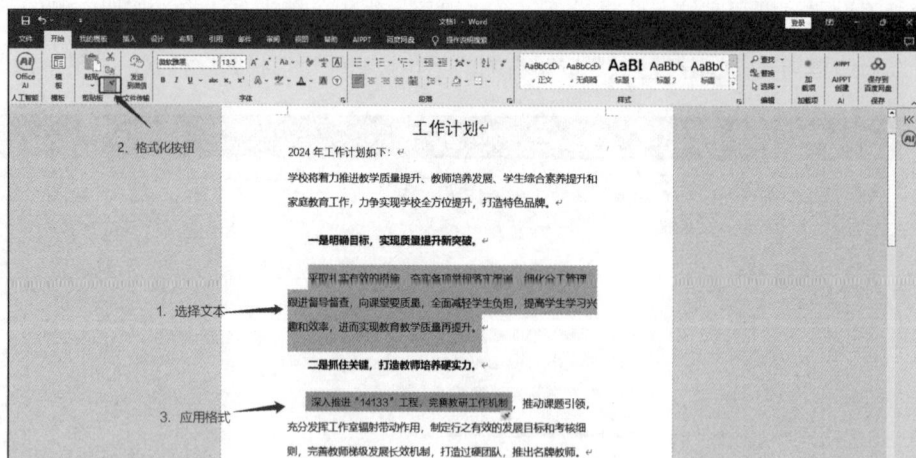

图 3-21　应用格式刷

3.3.4　Word 的表格应用

表格应用是将文本和内容以表格形式插入 Word 文档中，并成为 Word 文档中的一部分，在很多 Word 文档中我们都能找到表格的使用。本小节就表格的创建、编辑和设置等内容进行展开，具体内容如下。

1．创建表格

插入表格：在"插入"→"表格"中单击"表格"下拉按钮，在打开的下拉列表中将鼠标指针移动到示例表格的某个单元格上，此时呈黄色边框显示的单元格为将要插入的单元格，单击鼠标即可完成插入表格操作，如图 3-22 所示。

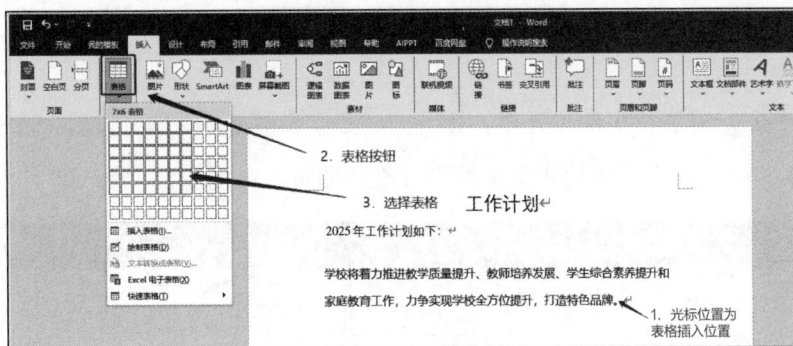

图 3-22　插入表格

绘制表格：在"插入"→"表格"组中单击"表格"下拉按钮，在打开的下拉列表中选择"绘制表格"选项，如图 3-23 所示。此时光标变为一支笔的形状，在文档编辑区拖动鼠标即可绘制表格外边框，在外边框内拖动鼠标即可绘制行线和列线。表格绘制完成后，按 Esc 键退出绘制状态即可。

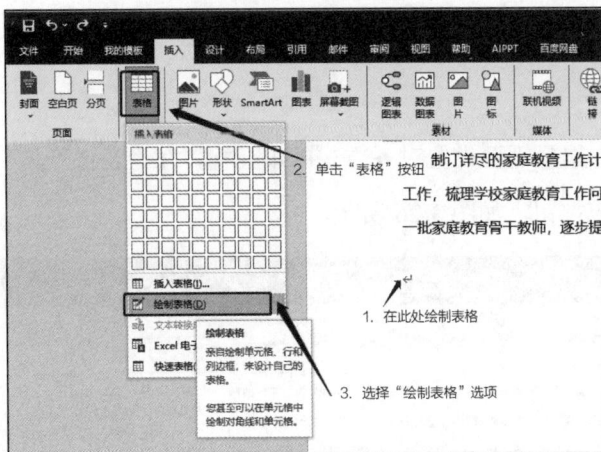

图 3-23　绘制表格

2．编辑表格

选择单个单元格：将光标移动到所选单元格靠近左边框的位置，当光标变为 ↗ 形状时，单击即可选择该单元格，如图 3-24 所示。

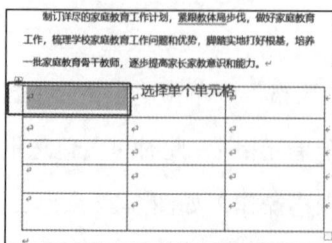

图 3-24　选择单元格

布局表格：选择表格中的单元格、行或列，在"表格工具"的"布局"选项卡中利用"行和列"组与"合并"组中的相关参数进行设置即可，如图 3-25 所示。

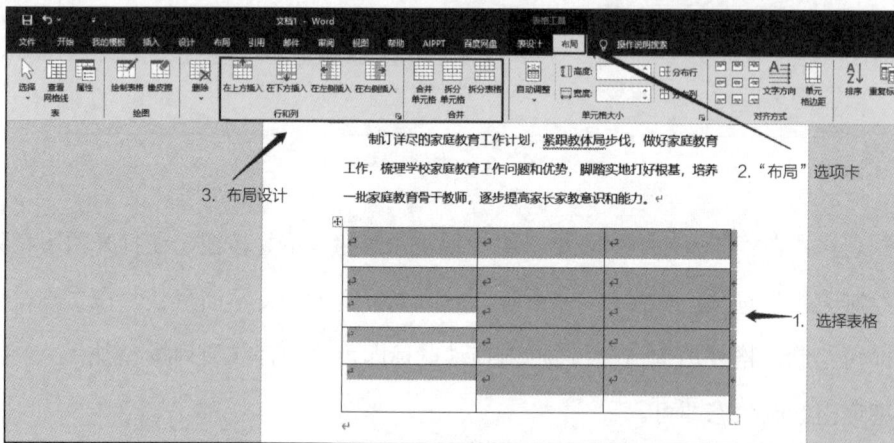

图 3-25　布局表格

3．设置表格

设置数据对齐：选择需要设置对齐方式的单元格，在"表格工具"→"布局"→"对齐方式"中单击相应按钮，如图 3-26 所示。

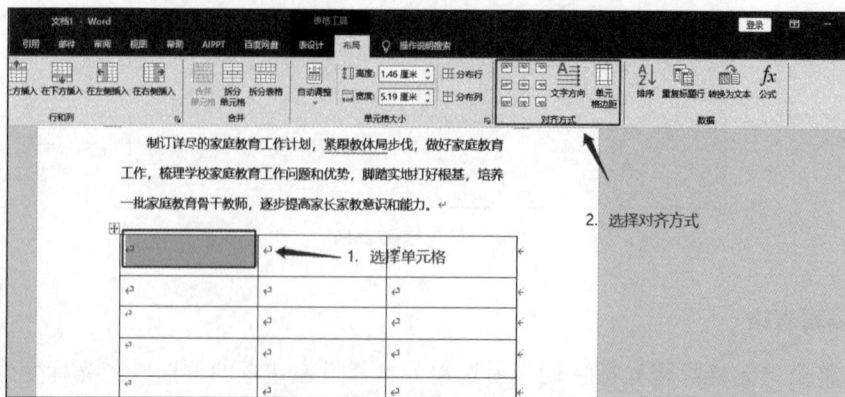

图 3-26　设置单元格数据对齐方式

　　设置单元格边框：选择需要设置边框的单元格，在"表格工具"→"设计"→"边框"中单击"边框样式"下拉按钮，在打开的下拉列表中选择相应的边框样式。

　　设置单元格底纹：选择需要设置底纹的单元格，在"表格工具"→"设计"→"表格样式"中单击"底纹"下拉按钮，在打开的下拉列表中选择所需的底纹颜色，如图 3-27 所示。

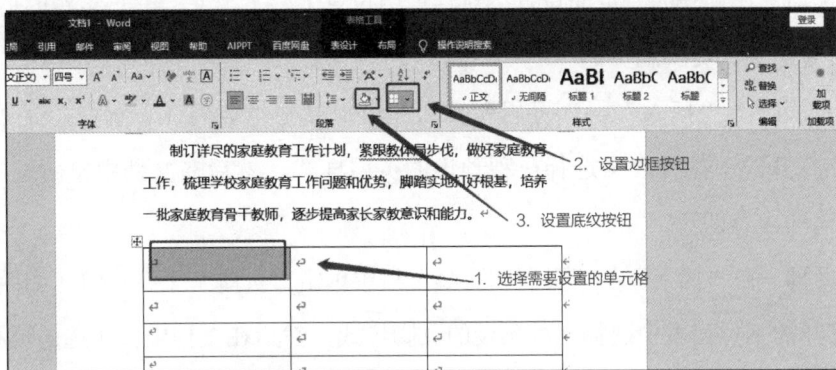

图 3-27　设置单元格边框和底纹

3.3.5　Word 的页面设置

1．设置页面大小、方向和页边距

　　默认情况下，Word 页面大小为 A4（21 厘米×29.7 厘米），页面方向为纵向，页边距为普通。在"布局"→"页面设置"组中单击相应的按钮便可修改相关选项，如图 3-28 所示。

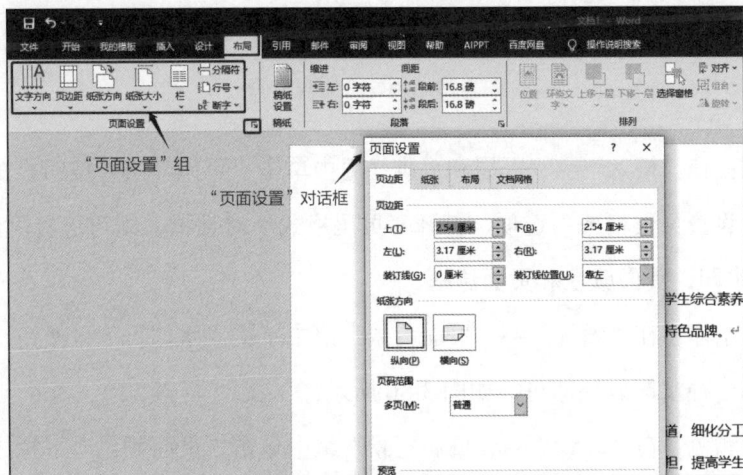

图 3-28　设置页面大小、方向和页边距

单击"纸张大小"下拉按钮，在打开的下拉列表框中选择一种页面选项，或选择"其他纸张大小"选项，在打开的"页面设置"对话框中输入页面宽度和高度的值。

单击"纸张方向"下拉按钮，在打开的下拉列表中选择"横向"选项，可以将页面方向设置为横向。

单击"页边距"按钮，在打开的下拉列表框中选择一种页边距选项，或选择"自定义页边距"选项，在打开的"页面设置"对话框中设置上、下、左、右页边距的值。

2．设置页眉、页脚和页码

创建页眉：在"插入"→"页眉和页脚"组中单击"页眉"下拉按钮（如图 3-29 所示），在打开的下拉列表中选择一种预设的页眉样式，然后在文档中按所选的页眉样式输入所需的内容即可。

创建页脚：在"插入"→"页眉和页脚"组中单击"页脚"下拉按钮（如图 3-29 所示），在打开的下拉列表中选择一种预设的页脚样式，然后在文档中按所选的页脚样式输入所需的内容即可。

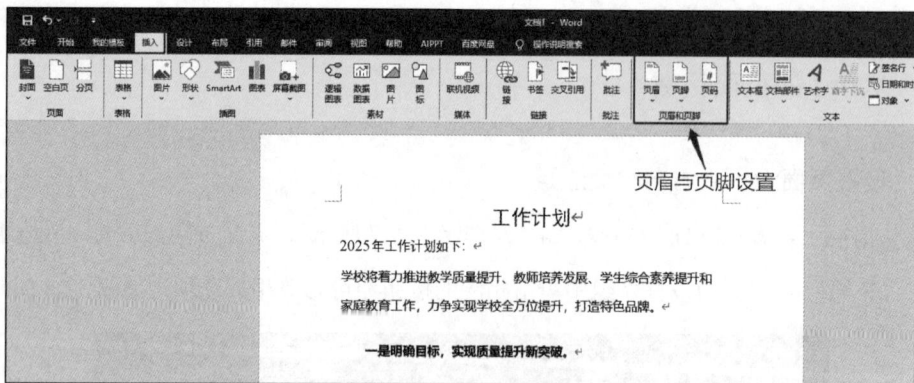

图 3-29　创建页眉与页脚

创建页码：在"插入"→"页眉和页脚"组中单击"页码"下拉按钮，在打开的下拉列表中选择"设置页码格式"选项，打开"页码格式"对话框，即可进行页码的设置。

3．设置水印、页面颜色和页面边框

添加页面水印：在"设计"→"页面背景"组中单击"水印"下拉按钮，在打开的下拉列表中选择一种水印效果即可，如图 3-30 所示。

设置页面颜色：在"设计"→"页面背景"组中单击"页面颜色"下拉按钮，在打开的下拉列表中选择一种页面背景颜色即可。

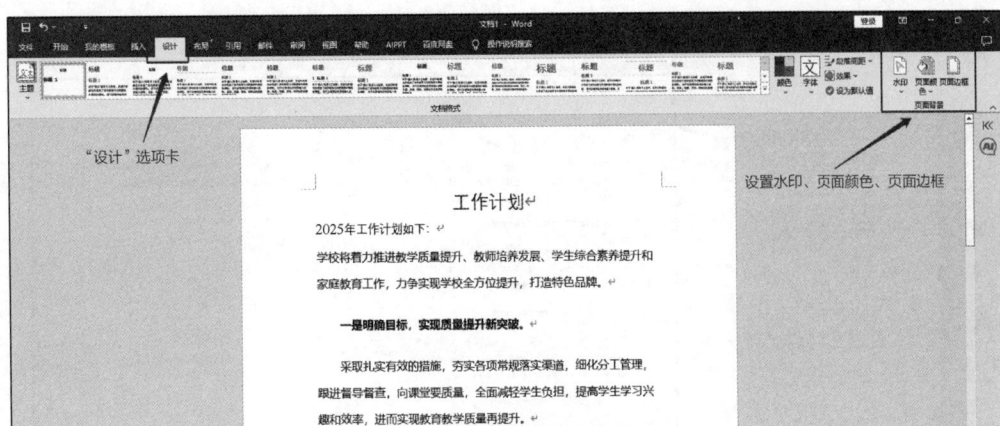

图 3-30　设置页面背景

设置页面边框：在"设计"→"页面背景"组中单击"页面边框"下拉按钮，打开"边框和底纹"对话框，如图 3-31 所示。在"页面边框"选项卡的"设置"栏中选择边框的类型，在"样式"下拉列表中选择边框的样式，在"颜色"下拉列表中设置边框的颜色，之后单击"确定"按钮应用设置。

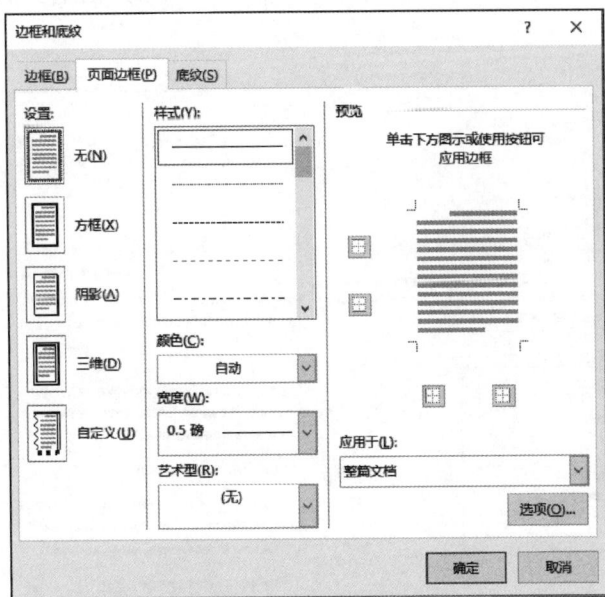

图 3-31　设置页面边框

4．打印预览与打印

打印预览：选择"文件"→"打印"选项，在右侧的界面中即可显示文档的打印效果，如图 3-32 所示。

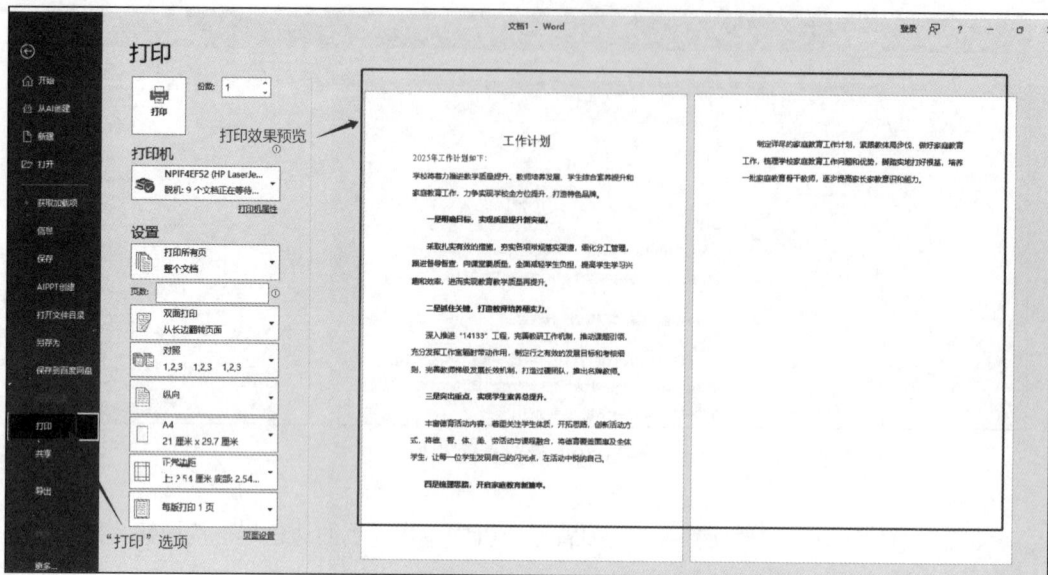

图 3-32　打印效果预览

　　打印文件：选择"文件"→"打印"选项，在右侧的"份数"数值框中设置打印份数，在"设置"栏中分别设置打印方向、打印纸张的大小、单面或双面打印、打印页数等参数，如图 3-33 所示。

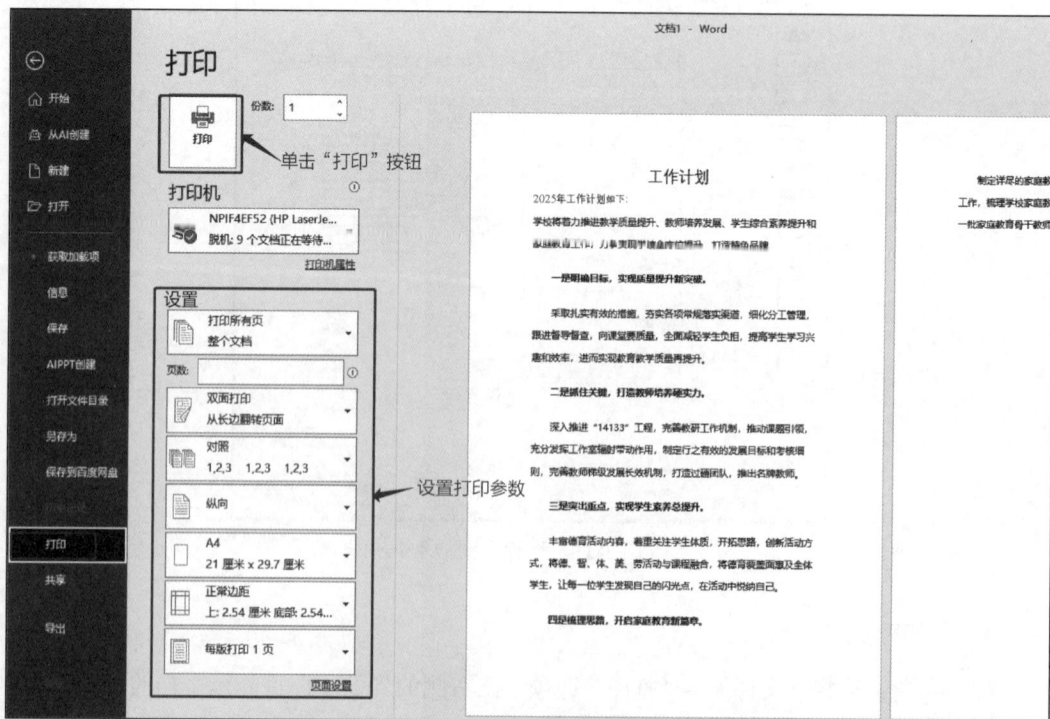

图 3-33　打印设置

3.4 项目实验

本实验的内容为制作个人简历，其最终效果如图 3-34 所示。

个人简历

姓名	路远风	性别	男	
出生年月	1995.05.01	民族	汉族	
籍贯	B市	联系电话	13800000011	
专业	电子商务	毕业时间	2022-06	
毕业学校	××大学	电子邮箱	13800000@163.com	
目前所在地	北京市朝阳区			
教育经历	2018.09—2022.06 ××大学信息学院 主修课程：客户服务管理，电子商务概论，营销策划，电子商务网站建设等			
工作经历	2022.01—2024.04 某电子商务科技有限公司运营策划，负责官网、公众号、线上网店等资源的维护，根据栏目及活动要求撰写推广文案			
技能及特长	大学英语六级、计算机二级(C语言)，能熟练使用Office办公软件，优秀毕业生			

图 3-34　个人简历最终效果

1．启动 Word

单击"开始"→"所有程序"→"Office 2016"，启动 Word。单击"文件"选项卡，选择"新建"选项并选择可用模板，这里选择空白文档。

2．设置页边距

设置页边距的步骤如下。

步骤 1：单击"布局"选项卡，再单击"页面设置"栏右下方的展开按钮，打开"页面设置"对话框，选择"页边距"选项卡 。

步骤 2：把上、下页边距都设置为 2 厘米，左、右页边距都设置为 1.80 厘米。

3．制作表格

制作表格的步骤如下。

步骤 1：输入"个人简历" 4 个字并选中它们，单击"开始"选项卡，将字体设置为"华文行楷"，将字号设置为"小初"，将对齐方式设置为"居中"，选择艺术字样式，如图 3-35 所示。

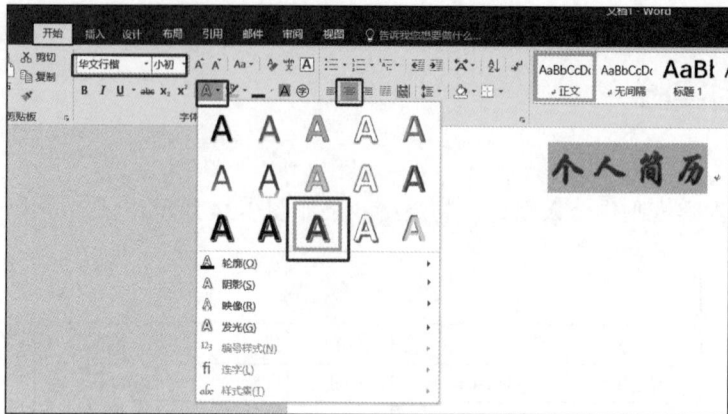

图 3-35　设置标题格式

步骤 2：单击"插入"选项卡，单击"表格"下拉按钮，用鼠标箭头选择 8 行 5 列，之后单击即可插入表格，如图 3-36 所示。

图 3-36　插入表格

步骤 3：修改表格的字体格式，让表格变小。选中表格并在其上单击鼠标右键，在弹出的快捷菜单中选择"宋体"和"四号"，如图 3-37 所示。

步骤 4：在对应单元格输入基本信息，如姓名、性别、出生年月、民族等，如图 3-38 所示。

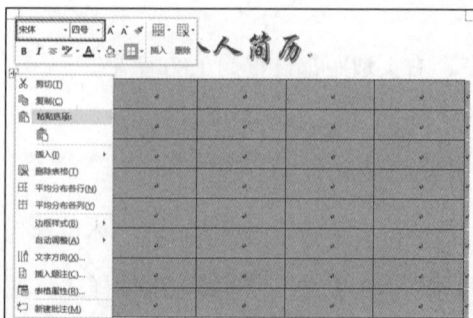

图 3-37　设置表格字体格式

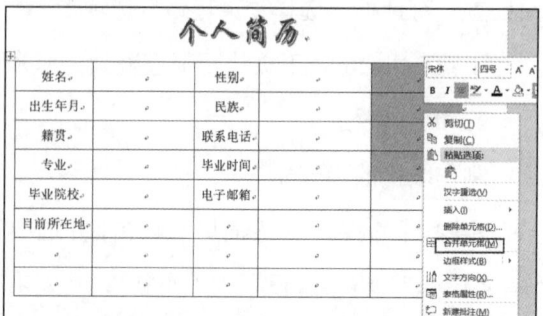

图 3-38　输入基本信息和合并单元格

步骤 5：已经输入文字的单元格太宽了，尚未填写的单元格可能宽度不够，我们把输入文字的单元格调窄一些。先把鼠标指针移到第一列的右边线上，鼠标变成一个双竖线双箭头图标，按住鼠标左键往左移即可调整列宽，并用同样的方法调整第三列列宽。

步骤 6：表格的右上角要放个人照片，需要把右上角的 4 个单元格（选中状态）合并为一个单元格。选中这 4 个单元格并在其上单击鼠标右键，在弹出的快捷菜单中选择"合并单元格"选项，如图 3-38 所示。

采用同样的方法，合并"电子邮箱"右侧的 2 个单元格和"目前所在地"右侧的 4 个单元格，如图 3-39 所示。

步骤 7：设置单元格对齐方式。设置第 2 列和第 4 列的对齐方式为左对齐。选中第 2 列并在其上单击鼠标右键，在弹出的快捷菜单中单击左对齐图标，如图 3-40 所示。第 4 列使用同样的方法进行设置。

图 3-39　合并单元格

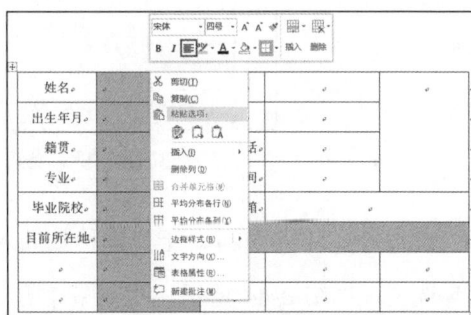

图 3-40　设置单元格对齐方式

步骤 8：插入行。表格此时只剩 2 行了，但还有 3 项内容要展示，因此我们需要再插入 1 行。把鼠标指针移到最后一行下边线左端点处，鼠标指针变成一个圆圈与加号图标，如图 3-41 所示，单击该图标即可增加 1 行，如图 3-42 所示。

图 3-41　插入行前的效果

图 3-42　插入行后的效果

步骤 9：在最后 3 行左侧的单元格中分别输入"教育经历""工作经历""技能及特长"。

步骤 10：设置单元格文字对齐方式。从上到下选中最后 3 行左侧的单元格单击"布局"选项卡"对方方式"栏中的"垂直居中"按钮，设置文字的对齐方式，如图 3-43 所示。

图 3-43　设置单元格文字对齐方式

步骤 11：插入图片。把光标移到插入图片的单元格，选择"插入"选项卡中的"图片"选项，如图 3-44 所示。找到图片所在路径，单击"插入"按钮（这里未展示界面，读者按系统提示操作即可）。

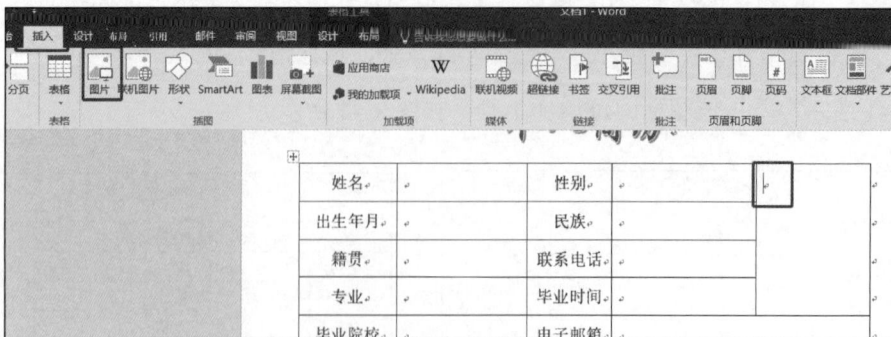

图 3-44　插入图片

步骤 12：修改图片格式。选中图片，单击"格式"选项卡，在"环绕文字"下拉列表中选择"嵌入型"，并修改图片的高度和宽度。

步骤 13：补全表格内容，达到图 3-34 所示效果。

3.5 习题

1. 文档页面设置，其基本效果如图 3-45 所示，要求如下。

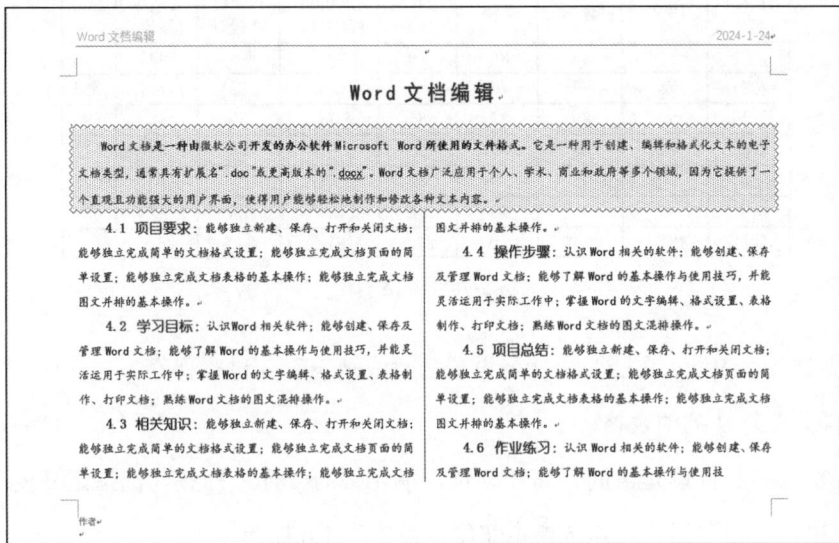

图 3-45 文档页面设置效果

（1）页边距的上、下边距设置为 2.6 厘米，左、右边距设置为 3.5 厘米，页面方向为横向。

（2）标题为"Word 文档编辑"，字体为黑体，字号为二号，字体颜色为蓝色，字体加粗，文字效果为蓝色渐变填充。

（3）标题"Word 文档编辑"的段落的行距设置为 1 行，对齐方式为居中对齐。

（4）选中文档的正文，将文字格式设置为楷体、小四号、黑色。

（5）将小标题"4.1 项目要求""4.2 学习目标""4.3 相关知识""4.4 操作步骤""4.5 项目总结""4.6 作业练习"的字体格式设置为深红色、幼圆体、四号、加粗。

（6）选中第一段，设置其段落格式。具体地，对齐方式为两端对齐、首行缩进 2 字符，行距为固定值 26 磅。

（7）选中文档后面的段落，设置其段落格式。具体地，对齐方式为两端对齐、首行缩进 2 字符，行距设置为固定值 24 磅。

（8）将"4.1 项目要求"到"4.6 作业练习"的内容进行分栏，分成两栏。

（9）给第 1 自然段加上边框和背景。

（10）增加页眉和页脚。

2．表格制作，其效果如图 3-46 所示，要求如下。

科目 姓名	文化课				专业课			总分
	语文	数学	英语	计算机 基础	Python 程序设计	Java程 序设计	大数据 导论	
张三	87	88	86	90	77	98	87	613
李四	78	87	76	78	70	88	78	555
王五	90	89	87	86	78	80	88	598
李雷	87	86	85	90	87	88	89	612
李莉	90	92	90	89	88	89	90	628
赵十	88	93	90	92	89	88	87	627
平均分	86.67	89.17	85.67	87.5	81.5	88.5	86.5	605.5

图 3-46　表格制作

（1）新建一个 Word 文档，文件名设置为"成绩表"并进行保存。

（2）插入 9 行 9 列的表格。

（3）改变第 2 行单元格的行高和列宽，单元格的"行"标签勾选指定高度，设置为 1.5 厘米；单击"列"标签，勾选指定宽度，设置为 1.6 厘米。

（4）合并第 1 行的 2～5 列单元格和 6～8 列单元格、第 1 列 1～2 行单元格，以及最后一列第 1～2 行单元格。

（5）绘制斜线表头。

（6）在表格中输入对应的文字和数字，并利用公式计算平均分和总分。

（7）将单元格文字的对齐方式设置为居中对齐。

项目四 数据处理与分析

本项目使用的数据处理与分析的软件是 Microsoft Excel 2016（简称 Excel）。Excel 广泛应用于管理、统计、金融等众多领域。通过 Excel，用户可以轻松制作各种统计报表、工资表、考勤表等，还可以灵活对各种数据进行整理、计算、汇总、查询、分析等操作。

工业互联网中各种数据报表和数据分析通常需要用 Excel 进行处理，因此，掌握 Excel 的操作技能并将这些技能熟练地应用于工业互联网项目是非常有必要的。

4.1 项目要求

（1）能应用 Excel 实现数据的输入、修改、删除等简单的编辑操作。

（2）能对 Excel 的数据进行过滤、排序、分组、合并等数据管理操作。

（3）掌握 Excel 公式与函数的设置和使用方法。

（4）掌握 Excel 数据图表的创建、设置及应用方法。

4.2 学习目标

☑ **技能目标**

（1）了解 Excel 的基础知识。

（2）掌握 Excel 的数据与编辑操作。

（3）掌握 Excel 公式与函数的使用方法。

（4）熟悉 Excel 的数据管理操作。

（5）掌握 Excel 中图表的使用方法。

☑ **思政目标**

（1）通过数据输入规范和相关性分析案例，强调数据真实性与准确性在商业决策中的重要性，引导读者树立诚信意识，抵制数据造假行为。

（2）结合数据隐私保护和图表应用场景，探讨数据使用边界，培养读者对数据安全的敏感性和合规使用数据的责任感。

（3）以 WPS 表格兼容 Excel 功能为切入点，引导读者关注国产软件发展，理解核心技术自主可控的意义，鼓励通过 Excel 技能解决实际问题，服务产业发展。

☑ **素养目标**

（1）通过公式计算、函数应用和图表可视化，锻炼读者从数据中提取规律、验证假设的能力，培养基于数据的决策思维。

（2）依托完整项目流程，掌握表格的核心操作，提升利用工具高效处理复杂任务的能力，理解"规范操作→精准输出"的工作逻辑。

（3）通过图表标题设置、数据标签优化及报表布局调整，培养读者清晰呈现分析结果的能力；结合分组汇总操作，强调团队协作中数据标准化传递的重要性。

4.3 相关知识

Excel 主要用于文本处理，可创建和制作具有专业水准的文档，能轻松、高效地组织和编写文档。

4.3.1 Excel 操作界面

本小节的主要内容是介绍 Excel 的操作界面、工作簿、工作表等基础知识。

1. 认识界面

Excel 的操作界面由快速访问工具栏、标题栏、文件选项卡、功能选项卡、功能区、编辑栏和工作表编辑区等部分组成，这里主要介绍编辑栏和工作编辑区，如图 4-1 所示。

编辑栏：主要用于显示和编辑当前活动单元格中的内容。在默认情况下，编辑栏中会显示列名、"插入函数"按钮、编辑框等部分，但在单元格中输入数据或插入公式与函数时，编辑栏中的"取消"按钮和"输入"按钮也将显示出来。

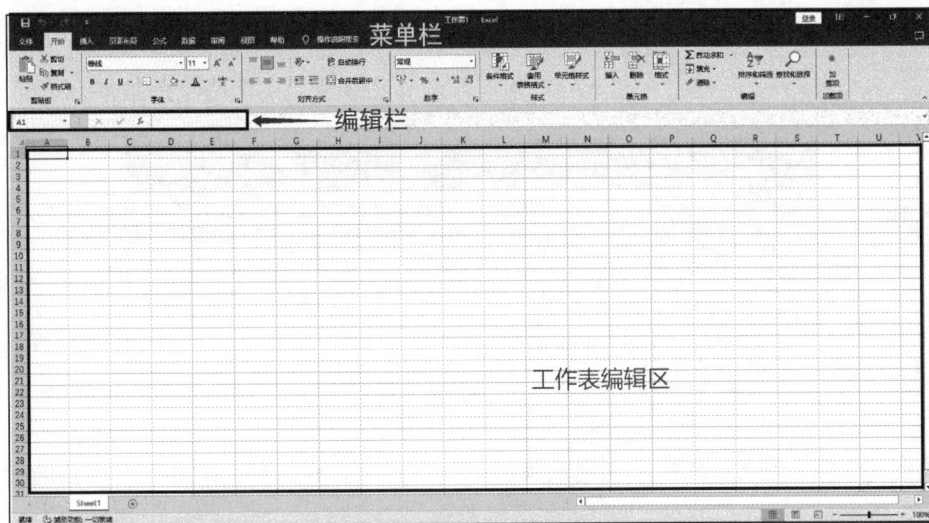

图 4-1　Excel 操作界面

编辑框：显示单元格中的内容。在选择单元格后，我们可以直接在编辑框中进行输入和编辑操作。

工作表编辑区：表格中的内容通常都显示在工作表编辑区中，用户的大部分操作也需要通过工作表编辑区进行。工作表编辑区主要包括行号与列标、单元格和工作表标签等部分。

2．工作簿及其操作

工作簿即 Excel 文件，也称为电子表格。在默认情况下，新建的工作簿以"工作簿 1"命名，其名称一般会显示在 Excel 操作界面的标题栏中。

新建工作簿：启动 Excel，选择"文件"→"新建"选项，在打开的"新建"列表框中选择"空白工作簿"选项即可新建一个空白工作簿，如图 4-2 所示。

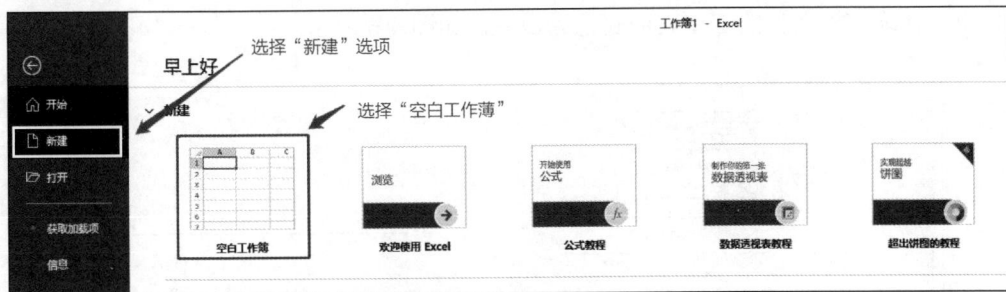

图 4-2　新建工作簿

打开已有工作簿：打开工作簿所在的文件夹，双击工作簿，可直接将其打开。

保存工作簿：在快速访问工具栏中单击"保存"按钮，如图 4-3 所示。或按组合键 Ctrl + S，或选择"文件"→"保存"选项，在打开的"另存为"对话框中进行保存。

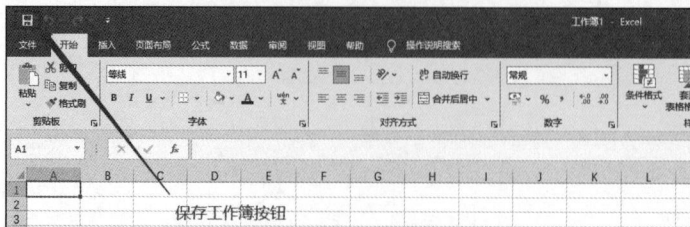

图 4-3 保存工作簿

关闭工作簿：在 Excel 中，常用的关闭工作簿的方式有两种：①单击右上角的关闭按钮；②按组合键 Ctrl + W。

3．工作表及其操作

新建工作表：在打开工作簿的工作表标签中单击"新建工作表"按钮，如图 4-4 所示，即可新建一个空白的工作表。

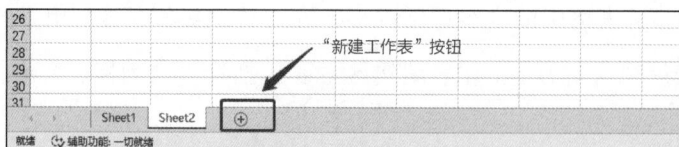

图 4-4 新建工作表

删除、重命名、保护工作表：可以在工作表标签上单击鼠标右键，弹出的快捷菜单中有"删除""重命名""保护工作表"等选项，如图 4-5 所示，按需选择对应选项即可。

选择工作表：选择一个工作表可以通过单击相应的工作表标签来实现；选择一个工作表的同时按住 Shift 键，再选择不相邻的另一个工作表，即可同时选择这两个工作表之间的所有工作表。被选择的工作表的底色为白色，如图 4-6 所示。

图 4-5 编辑工作表

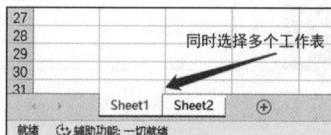

图 4-6 选择工作表

4．单元格及其操作

选择单元格：单击要选择的单元格即可。选择一个单元格，然后按住鼠标左键不放并拖动鼠标，可选择多个连续的单元格（被选择的单元格组成单元格区域），如图 4-7 所示。

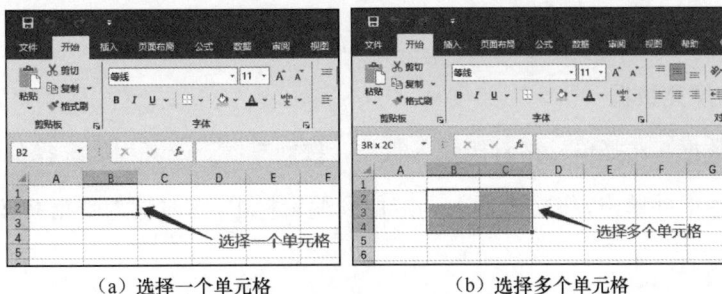

（a）选择一个单元格　　　　　　（b）选择多个单元格

图 4-7　选择单元格

合并与拆分单元格：选择需要合并的多个单元格，在"开始"→"对齐方式"组中选择"合并后居中"选项。我们也可以单击"合并后居中"选项右侧的下拉按钮，在打开的下拉列表中选择"跨越合并""合并单元格""取消单元格合并"等选项，如图 4-8 所示。这里的"取消单元格合并"选项可以实现合并单元格的拆分。

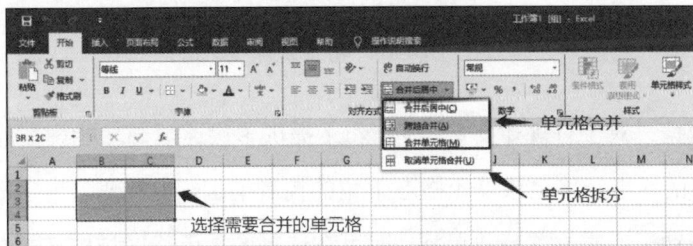

图 4-8　合并与拆分单元格

插入与删除单元格：选择要插入单元格所显示的位置，比如在 B2 单元格所在位置插入单元格，然后在"开始"→"单元格"组中单击"插入"下拉按钮，在打开的下拉列表中选择"插入单元格"选项，如图 4-9 所示。选中要删除的单元格，单击"开始"→"单元格"组中的"删除"下拉按钮，在打开的下拉列表中选择"删除单元格"选项，打开"删除"对话框，选中相应的单选项后单击"确定"按钮即可删除所选单元格。

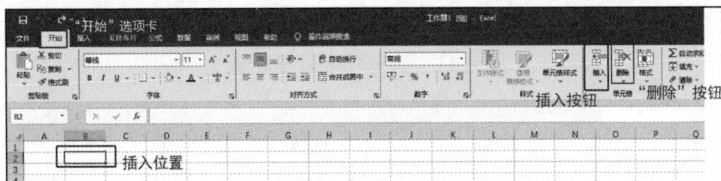

图 4-9　插入和删除单元格

4.3.2 数据与编辑

Excel 的数据编辑功能包括数据的输入、修改、复制、移动、查找、替换以及撤销等，而数据管理功能包括数据排序、筛选、分类、汇总、分组及合并等。

1. 输入与填充数据

输入普通数据：选择单元格直接输入数据，按回车键。或者我们选择单元格，将鼠标指针移到编辑栏中并单击，将文本插入点定位到编辑栏中，这时输入数据并按回车键即可，如图 4-10 所示。

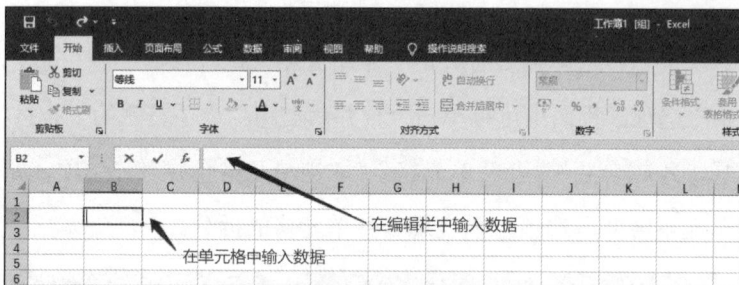

图 4-10　输入数据

快速填充数据：对于有规律的数据，Excel 提供了快速填充功能。在起始单元格中输入起始数据，将鼠标指针移至该单元格右下角的控制柄上，当其变为十字形状时，按住鼠标左键不放并拖动至所需位置释放鼠标，即可在选择的单元格区域中按规律填充数据，其示例如图 4-11 所示。

图 4-11　快速填充数据示例

2. 编辑数据

修改和删除数据：双击需要修改或删除数据的单元格，在单元格中定位文本插入点，修改或删除数据，然后按回车键完成操作。或者选择单元格后先按 Delete 键删除所有数据，然后输入需要的数据，按回车键快速完成修改。

复制或移动数据：先选择需要移动或复制数据的单元格，在"开始"→"剪贴板"组中单击"剪切"按钮或"复制"按钮，然后选择目标单元格，单击"剪贴板"组中的"粘贴"按钮。也可以通过组合键 Ctrl+C（复制）和 Ctrl+V（粘贴）实现此功能。

查找和替换数据：在"开始"→"编辑"组中单击"查找和选择"按钮，在打开的下拉列表中选择"替换"选项，打开"查找和替换"对话框，按对话框提示操作即可。

3．数据管理

数据排序：选择要排序的列中的任意单元格，单击"数据"→"排序和筛选"组中的"升序"按钮或"降序"按钮，即可实现数据的升序或降序排列，如图 4-12 所示。

图 4-12　数据排序

数据筛选：筛选功能可根据用户设定的筛选条件自动显示符合条件的数据，隐藏其他数据。用户可以通过"数据"→"排序和筛选"组中的"筛选"按钮进行自动筛选，如图 4-13 所示。

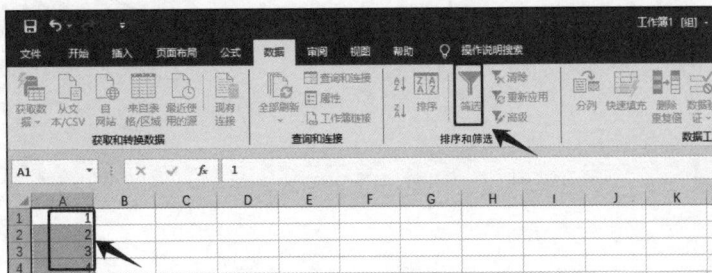

图 4-13　数据筛选

分类汇总：在创建分类汇总之前，应先对需要分类汇总的数据进行排序，然后选择排序后的任意单元格，单击"数据"→"分级显示"组中的"分类汇总"按钮，如图 4-14

所示。这时系统会打开"分类汇总"对话框，在其中对"分类字段""汇总方式""选定汇总项"等进行设置，完成后单击"确定"按钮。

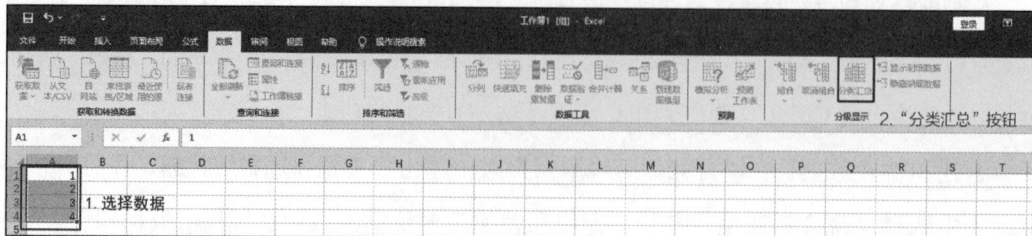

图 4-14　分类汇总

4.3.3　属性设置

Excel 的属性设置主要包括设置单元格属性和工作簿属性。单元格属性主要包括单元格的行高、列宽、边框、填充颜色等；工作簿的属性主要包括工作表命名、工作表修改、工作簿的打印等。下面主要介绍单元格属性设置。

1．设置行高和列宽

在"开始"→"单元格"组中单击"格式"下拉按钮，在打开的下拉列表中选择"行高"选项或"列宽"选项，如图 4-15 所示。在打开的"行高"对话框或"列宽"对话框中输入行高值或列宽值，单击"确定"按钮即可设置行高或列宽。

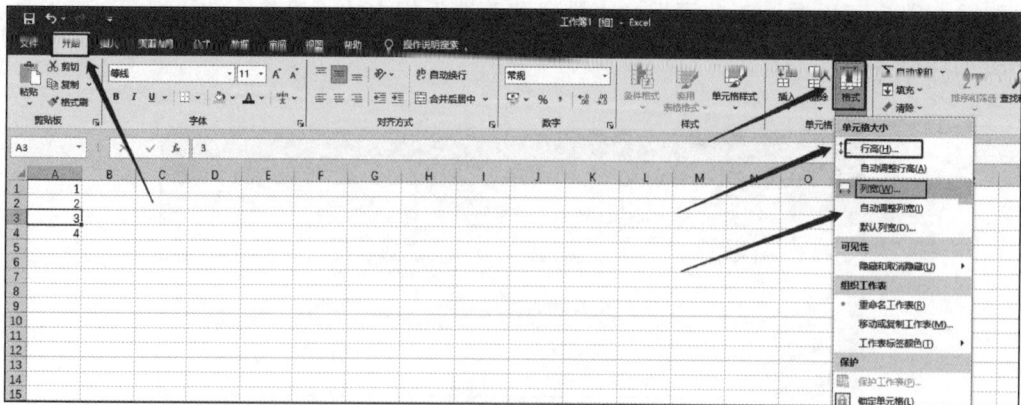

图 4-15　设置单元格行高或列宽

2．设置单元格边框

选择要设置的单元格后，在"开始"→"字体"组中单击右下角的下拉按钮，在打开的下拉列表中选择所需的边框线样式，如图 4-16 所示。

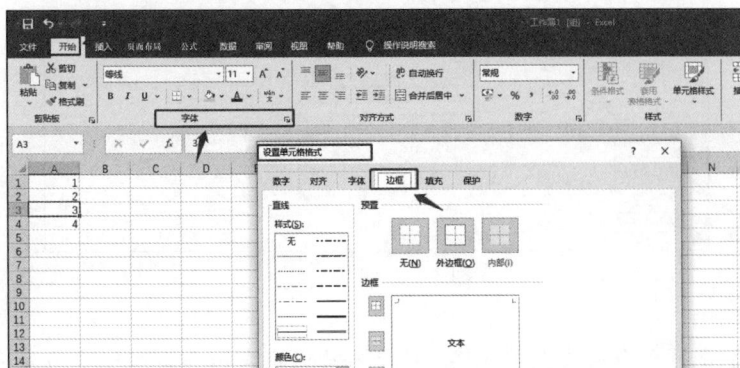

图 4-16 设置单元格边框

3．设置单元格填充颜色

选择要设置的单元格后，在"开始"→"字体"组中单击"填充颜色"按钮右侧的下拉按钮，如图 4-17 所示，在打开的下拉列表中可选择所需的填充颜色。

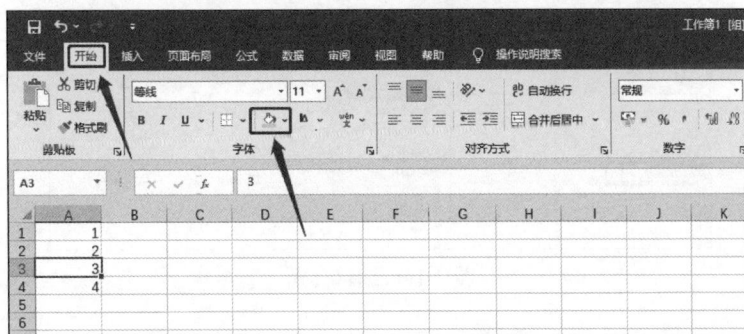

图 4-17 设置单元格填充颜色

4.3.4 公式及函数应用

Excel 的公式及函数是非常重要的功能。我们可以在数据上使用数学公式或特定的计算公式实现数据计算，也可以在工作表上定义函数并调用函数，实现特定的运行逻辑。

1．公式的使用

输入公式：选择要输入公式的单元格，在单元格或编辑栏中输入"="，接着输入公式内容，如"=A1＋A2＋A3＋A4"，完成后按回车键或单击编辑栏上的输入按钮 ✔ 即可，如图 4-18 所示。

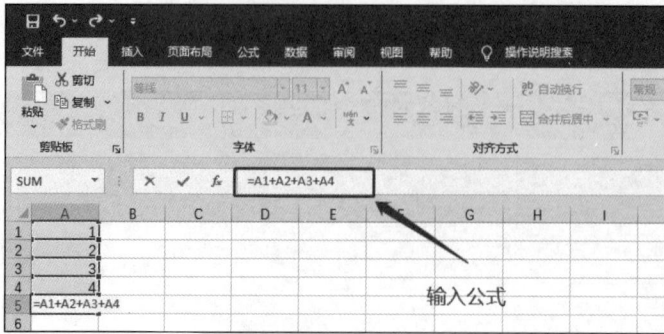

图 4-18　输入公式

编辑公式：选择含有公式的单元格，将文本插入点定位在编辑栏或单元格中需要编辑的位置，按 Backspace 键删除不需要的部分，输入正确的内容后按回车键，即可完成公式的编辑，如图 4-19 所示。

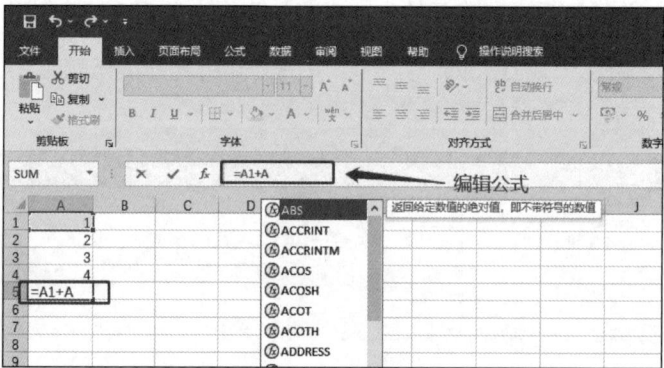

图 4-19　编辑公式

填充公式：选择已添加公式的单元格，将鼠标指针移至该单元格右下角的填充柄上，当其变为十字形时，按住鼠标左键不放并拖动至所需位置，释放鼠标，即可在选择的单元格区域中填充相同的公式并得到计算结果，如图 4-20 所示。

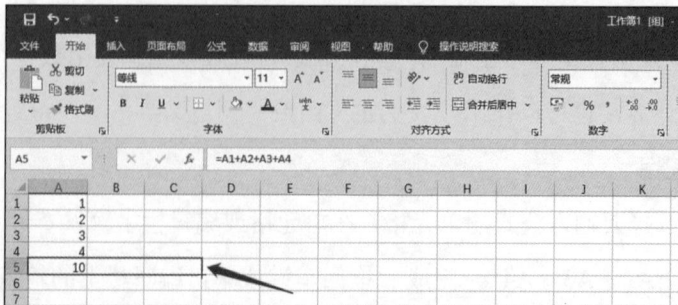

图 4-20　填充公式

2．函数的使用

下面介绍两种插入函数的方式。

第一种插入函数的方式：选择要插入函数的单元格，单击编辑栏中的"插入函数"按钮，在打开的"插入函数"对话框中选择函数类型后，单击"确定"按钮，如图 4-21 所示。

第二种插入函数的方式：选择要插入函数的单元格后，在"公式"→"函数库"组中单击"插入函数"按钮，如图 4-22 所示。在打开的"插入函数"对话框中选择函数类型后，单击"确定"按钮即可。

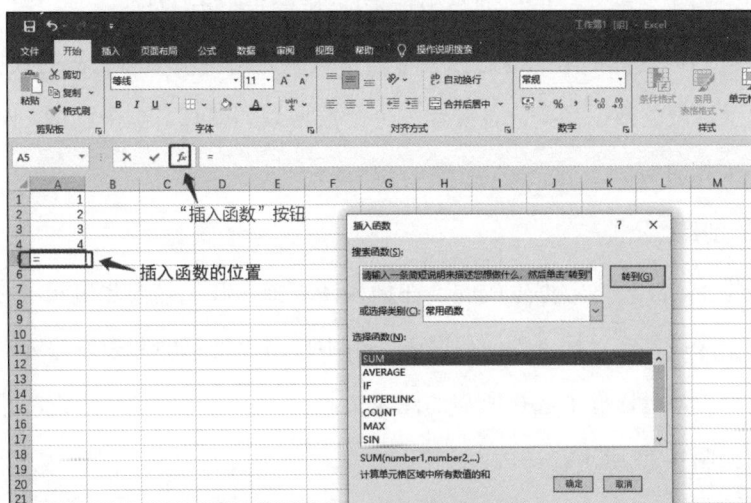

图 4-21　第一种插入函数的方式

图 4-22　第二种插入函数的方式

4.3.5　图表应用

数据图表显示是 Excel 的重要应用，如折线图、散点图、柱状图、饼状图等。如何创建图表，设置图标标题、参数、颜色、类型等属性，如何实现数据透视操作等，是本小节的主要内容。

1. 图表的概念

数据系列：图表中的相关数据点代表着表格中的行或列。图表中每一个数据系列都具有不同的颜色和图案，且各个数据系列的含义将通过图例体现出来。在图表中，用户可以绘制一个或多个数据系列。

坐标轴：度量参考线，x 轴为横轴，通常表示分类；y 轴为纵轴，通常表示数据。

图表标题：图表名称，一般自动与坐标轴或图表顶部居中对齐。

数据标签：为数据标记附加信息标签，通常代表表格中某个单元格的数据点或值。

图例：表示图表的数据系列，通常有多少个数据系列就有多少个图例，图例的颜色或图案与数据系列相对应。

2. 图表的创建

图表是根据 Excel 表格数据生成的，在插入图表前，我们需要先编辑 Excel 表格中的数据。选择数据区域，在"插入"→"图表"组中单击"推荐的图表"按钮，打开"插入图表"对话框，在该对话框中选择所需的图表类型后，单击"确定"按钮，即可在工作表中创建图表，如图 4-23 所示。

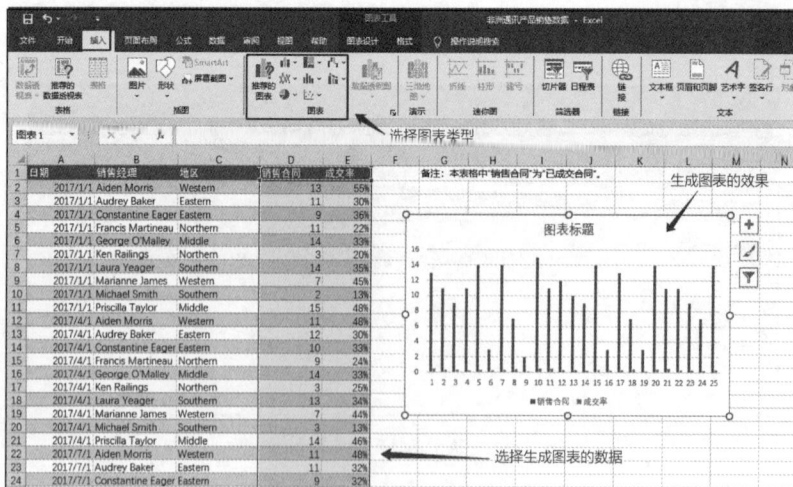

图 4-23　创建图表

3. 图表的设置

在默认情况下，图表将被插入编辑区中心位置，因此需要对图表的位置和大小进行调整。选择图表，将鼠标指针移动到图表任一位置上，按住鼠标左键并拖动可调整图表位置。将鼠标指针移动到图表的任意一个角上，按住鼠标左键并拖动可调整图表的大小。如图 4-24 所示为调整图表大小。

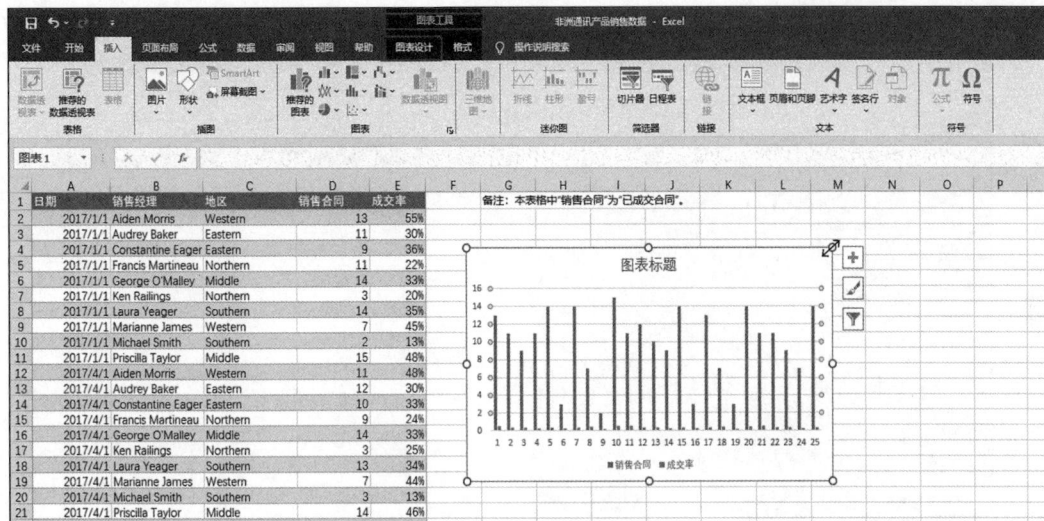

图 4-24　设置图表大小

4．图表的编辑

如果表格中的数据发生了变化（如增加或修改数据），那么 Excel 会自动更新图表。如果图表所选的数据区域有误，那么用户需要手动进行更改。如果要修改图表类型，则先选择图表，再选择"图表设计"→"类型"组，单击"更改图表类型"按钮，在打开的"更改图表类型"对话框中重新选择所需图表类型，如图 4-25 所示。

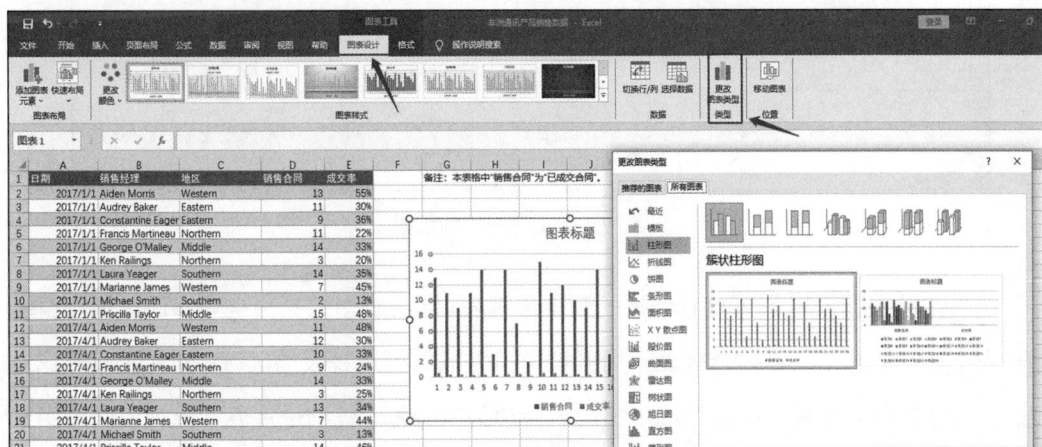

图 4-25　更改图表类型

5. 数据透视表

创建数据透视表的过程如下。首先，在图 4-26 所示界面选中所需列，单击"数据透视表"选项。然后，在图 4-27 所示界面选择需要的字段，勾选对应复选框即可。

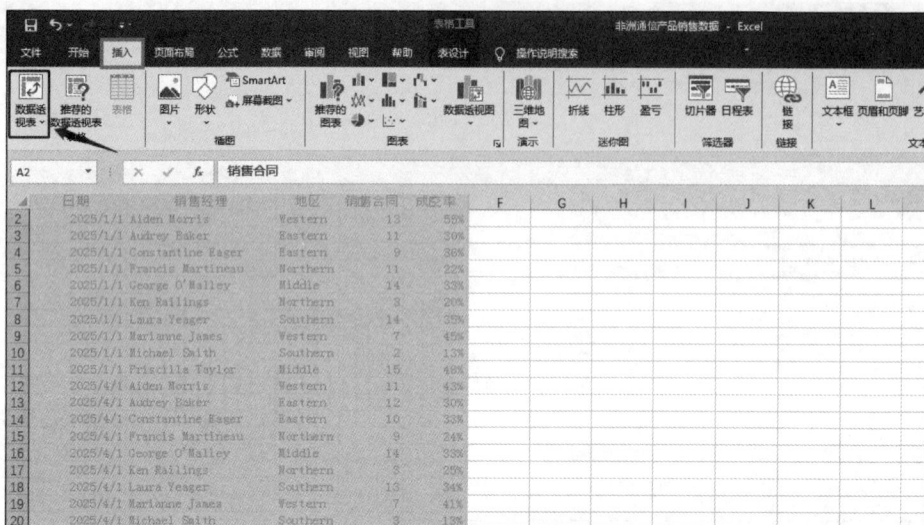

图 4-26　创建数据透视表

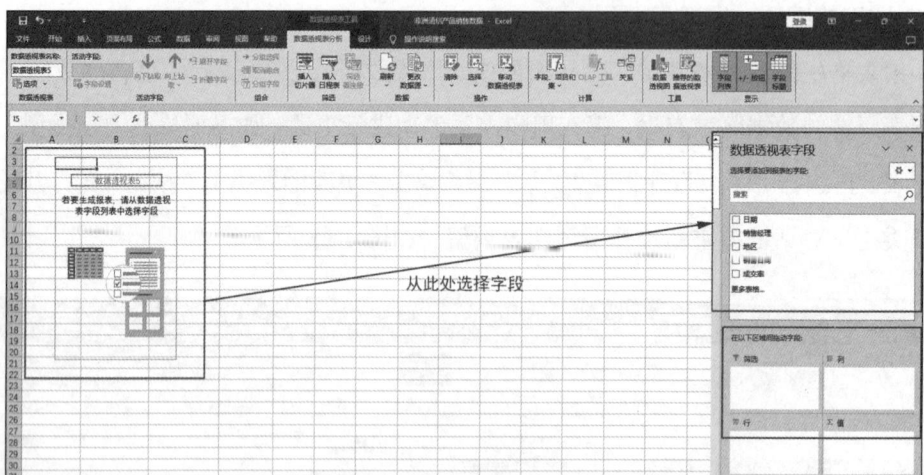

图 4-27　数据透视表的组成

在指定的工作表区域可查看创建的数据透视表，它主要由数据透视表布局区域和数据透视表字段列表构成。数据透视表布局区域是指生成数据透视表的区域。若要生成数据透视表，则可以在字段列表区域中选中字段名旁边的复选框。数据透视表字段列表区域用于显示数据源中的列标题，每个标题都是一个字段。

4.4 项目实验

1. 启动 Excel

启动 Excel 常用的方法有：①单击"开始"→"所有程序"→"Excel"；②双击桌面的 Excel 快捷方式；③双击现有的 Excel 文档，打开文档的同时也启动了 Excel；④在系统桌面单击鼠标右键，在弹出的快捷菜单中单击"新建"→"XLSX 工作表"或"XLS 工作表"。

2. 熟悉 Excel 的操作界面

成功启动 Excel 之后，我们便可以看见 Excel 的操作界面，Excel 操作界面与 Word 操作界面非常相似，同样有标题栏、菜单栏、工具栏和状态栏，不过多了名称框和编辑框。Excel 工作区和 Word 工作区有所不同，Excel 工作区是由若干行和若干列组成的一张表格，我们称之为工作表。

3. 创建工作簿

第一次启动，Excel 会自动创建并打开一个新的空白的 Excel 文档，并暂时将该文档命名为"工作簿 1"（默认文件名为"工作簿 1.xlsx"）。由前文可知，Excel 文档也称为工作簿，我们在任何时候都可以创建新的工作簿。

（1）新建"成绩册"工作簿

单击工具栏中的"新建"按钮，或执行"文件"菜单上的"新建"命令，Excel 会弹出对话框，这里选择"空白工作簿"或某一种类型的工作簿模板，如图 4-28 所示。

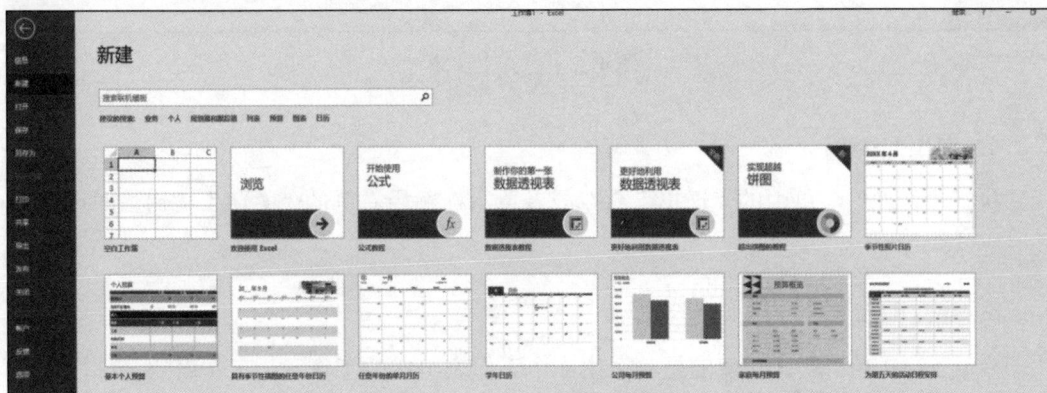

图 4-28　新建工作簿

（2）保存工作簿

执行"文件"菜单中的"保存"命令。由于当前工作簿是一个新建的工作簿，系统将弹出"另存为"对话框。我们在打开的"另存为"对话框中以"成绩册"为文件名来保存当前工作簿到 F 盘中的"计算机与大数据导论"文件夹（读者自行创建）中。这里也可以选择"文件"菜单中的"另存为"选项，采用相同操作将"成绩册"工作簿保存到 F 盘中的"计算机与大数据导论"文件夹中。

（3）关闭工作簿

执行"文件"菜单中的"关闭"命令或者单击菜单栏右侧的"关闭窗口"按钮，即可关闭"成绩册"工作簿，但此操作并不关闭 Excel 应用程序。

（4）打开工作簿

执行"文件"菜单中的"打开"命令或者单击工具栏上的"打开"按钮。在"打开"对话框中，找到并双击"成绩册.xlsx"工作簿，或者选择"成绩册.xlsx"文件后单击"打开"按钮，即可打开刚才创建的"成绩册.xlsx"工作簿。一般"文件"菜单中会显示最近使用过的多个工作簿文件名，通过直接单击"文件"下拉菜单中的工作簿文件名，也可以快速打开最近使用过的工作簿，如图 4-29 所示。

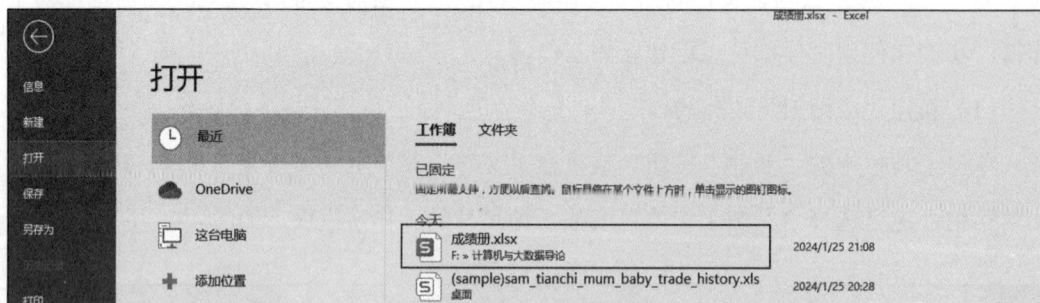

图 4-29　打开工作簿

4．退出 Excel

执行"文件"菜单中的"退出"命令或者单击标题栏右侧的"关闭"按钮，即可退出 Excel。

5．建立工作表

启动 Excel 后，默认新建的是一个由 3 个工作表组成的工作簿。工作表的名称默认为 Sheet 加上数字，如 Sheet1、Sheet2、Sheet3 等。工作表中的黑框为等待输入数据的活动单元格。

打开"成绩册"工作簿，在 Sheet1 工作表中输入以下内容。

（1）输入标题"学生登记表"

在 A1 单元格输入"学生登记表"，然后选中"A1:E1"这一行区域，单击工具栏中的"合并后居中"按钮。

（2）输入列名

在"A2:E2"单元格中分别输入"学号""姓名""班级""出生年月""性别"，此时的效果如图 4-30 所示。

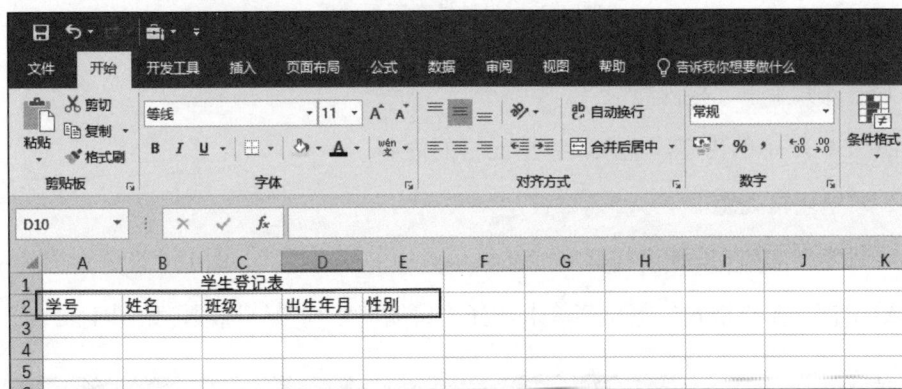

图 4-30　输入单元格内容后的效果

（3）输入学号

利用 Excel 的序列填充功能实现表格中学生学号的输入。在 A3 单元格中输入第一个学生的学号"1001"，然后选定"A3:A7"这一列区域，单击"编辑"组中的"填充"按钮。在下拉列表中选择"序列"选项。在"序列"对话框，"序列产生在"选项选择"列"，"类型"选项选择为"等差序列"，"步长值"设置为"1"，单击"确定"按钮，即可输入前 5 位学生的学号，其效果如图 4-31 第 1 列所示。

（4）输入班级编号

在 C3 单元格中输入班级编号"计算机与大数据 01"，选中此单元格，当鼠标变为黑色十字（称为填充柄）时，按住鼠标左键并向下拖动至 C7 单元格，鼠标所经过的单元格都会被填入班级编号"计算机与大数据 01"～"计算机与大数据 05"，单击下拉按钮，在快捷菜单中选择"复制单元格"选项，则所选单元格将被填上相同的班级编号，如图 4-31 所示。

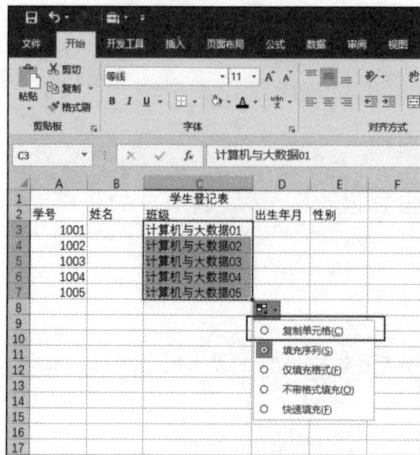

图 4-31　自动填充序列效果

（5）输入其余单元格内容

参照图 4-32 中的内容，输入其余单元格的内容。

（6）调整表格列宽

适当调整表格列宽，使表格宽度能够显示其中的所有内容。选中要设置列宽的单元格区域"A1:E7"，在"格式"下拉菜单中选择"自动调整列宽"选项，如图 4-32 所示。

图 4-32　调整表格列宽

6．工作表的操作

根据创建"成绩册"工作簿的实际需要，对工作表进行重命名、复制、插入、移动和删除操作。

（1）重命名工作表

将 Sheet1 工作表重命名为"学生登记表"。将鼠标指向 Sheet1 工作表标签，在其上单击鼠标右键，在快捷菜单中选择"重命名"选项，输入新的工作表名"学生登记表"即可。

（2）复制工作表

用鼠标右键单击"学生登记表"工作表标签，在弹出的快捷菜单中选择"移动或复制工作表"选项。在打开的"移动或复制工作表"对话框的"下列选定工作表之前"列表框中选定"Sheet2"，同时勾选"建立副本"复选框，单击"确定"按钮，如图 4-33 所示。这时"学生登记表"便可复制到 Sheet2 工作表的左侧，并自动命名为"学生登记表(2)"。

图 4-33　复制工作表

（3）插入工作表

用鼠标右键单击"学生登记表"工作表标签，在弹出的快捷菜单中选择"插入工作表"选择；或使用鼠标右键单击选择"插入工作表"选项，打开"插入工作表"对话框，插入数目填"1"，在"插入"选项卡中勾选"当前工作表之后"，单击"确定"按钮。这时在选中的"学生登记表"右侧插入了一个新的工作表，其名为"Sheet1"，如图 4-34 所示。

图 4-34 插入的工作表"Sheet1"

我们将新插入的工作表重命名为"2023-2024-1"。

（4）移动工作表

将"2023-2024-1"工作表移动至"Sheet2"工作表之前。选中"2023-2024-1"工作表标签并按住鼠标左键，此时出现黑色倒三角形，拖动标签到 Sheet2 工作表前面的位置即可，如图 4-35 所示。

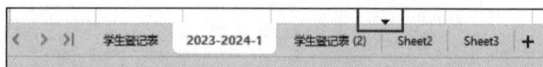

图 4-35　移动工作表

（5）删除工作表

删除"成绩册"工作簿中 Sheet2 和 Sheet3 工作表。单击欲删除的 Sheet2 工作表标签，执行"编辑"菜单中"删除工作表"命令；或者使用鼠标右键单击 Sheet2 工作表标签，选择快捷菜单中的"删除"选项即可。用同样的方法删除 Sheet3 工作表，此时的效果如图 4-36 所示。

图 4-36　删除工作表

将此时的结果文件"成绩册.xlsx"保存到 F 盘中的"计算机与大数据导论"文件夹。

4.5　习题

在个人计算机上完成"作业练习.xlsx"工作簿中的"练习 1"工作表，该工作表的效果如图 4-37 所示。

图 4-37　工作表效果

项目五　计算机网络与互联网

本项目主要介绍计算机网络的基础知识，以及互联网的基本概念和应用。

5.1　项目要求

（1）能简要说明计算机网络的组成。

（2）能独立获取计算机的 IP 地址，并设置域名。

（3）能简单排查网络故障。

（4）能在局域网内设置文件共享。

5.2　学习目标

☑　**技能目标**

（1）了解计算机网络的组成和分类。

（2）了解局域网和互联网。

（3）掌握互联网的基本应用。

☑　**思政目标**

（1）在讲解互联网基本概念和网络安全时，强调网络安全对国家（地区）安全的重要性，培养读者的安全意识。

（2）通过分析网络行为规范和案例，引导读者树立正确的网络伦理观，文明上网，拒绝网络暴力，维护清朗的网络环境。

（3）通过介绍计算机网络与互联网的发展历程和前沿技术，激发读者的科技创新热情，鼓励他们积极投身于信息技术领域的研究与发展。

☑ **素养目标**

（1）读者能够理解计算机网络的组成和分类，掌握互联网的基本应用，如 IP 地址配置、DNS 解析等。

（2）通过实验操作，如使用 ping 命令排查网络故障，培养读者的信息检索与分析能力，提高他们解决网络问题的能力。

（3）在分析网络案例和讨论网络伦理时，培养读者的批判性思维能力，学会独立思考和理性判断。

5.3 相关知识

5.3.1 计算机网络概述

在计算机网络发展的不同阶段，人们因对计算机网络的理解和侧重点不同而提出了不同的定义。就目前计算机网络现状来看，从资源共享的观点出发，人们通常将计算机网络定义为以能够相互共享资源的方式连接起来的独立计算机系统的集合。也就是说，将相互独立的计算机系统以通信线路相连接，采用网络协议进行数据通信，从而实现网络资源共享。

5.3.2 计算机网络的组成和分类

1. 计算机网络的组成

（1）计算机系统

计算机系统是计算机网络的基本组成部分。它主要完成数据信息的收集、存储、管理和输出操作，并提供各种网络资源。计算机系统根据设备在计算机网络中的用途，一般将设备分为主机和终端两部分。

主机（host）：它在很多时候称为服务器（server），是一台高性能计算机，用于管理网络、运行应用程序和处理各网络工作站成员的信息请示等。

终端（terminal）：它是网络中的用户进行网络操作、实现人机对话的重要工具，在局域网中通常称为工作站（workstation）或客户机（client）。由服务器进行管理和提供服务的、连入网络的任何计算机都属于工作站，其性能一般低于服务器。个人计算机接入互联网后，在获取互联网服务的同时，其本身会成为一台互联网上的工作站。网络工作站需要运行网络操作系统的客户端软件。

（2）数据通信系统

数据通信系统是连接网络的桥梁，提供了各种连接技术和信息交换技术，其主要任务是把数据源计算机所产生的数据迅速、可靠、准确地传输到数据宿（目的）计算机或专用外设中。

从计算机网络技术的组成部分来看，一个完整的数据通信系统一般由数据终端、通信控制器、通信信道和信号变换器四部分组成。

（3）网络软件

网络软件是计算机网络中不可或缺的组成部分。网络的正常工作需要网络软件的控制，如同单个计算机在软件的控制下工作一样。一方面，网络软件授权用户对网络资源访问，帮助用户方便、快速地访问网络；另一方面，网络软件也能够管理和调度网络资源，提供网络通信和用户所需要的各种网络服务。

通常情况下，网络软件分为通信软件、网络协议软件和网络操作系统 3 个部分。

（4）通信子网和资源子网

从功能上看，计算机网络主要具有完成网络通信和资源共享两大功能。为实现这两个功能，计算机网络必须具有数据通信和数据处理两种能力，因此，计算机网络可以从逻辑上划分成两个子网，即通信子网和资源子网。

通信子网：主要负责网络的数据通信，为网络用户提供数据传输、转接、加工和变换等数据信息处理工作，由通信控制处理机（又称为网络节点）、通信线路、网络通信协议及通信控制软件组成。

资源子网：用于网络的数据处理功能，向网络用户提供各种网络资源和网络服务，主要包括通信线路（传输介质）、网络连接设备（如网络接口设备、通信控制处理机、网桥、路由器、交换机、网关、调制解调器和卫星地面接收站等）、网络通信协议和通信控制软件等。

在局域网中，资源子网主要由网络的服务器、工作站、共享的打印机和其他设备及相关软件组成；通信子网由网卡、线缆、集线器、中继器、网桥、路由器、交换机等设备和相关软件组成，二者的关系如图 5-1 所示。

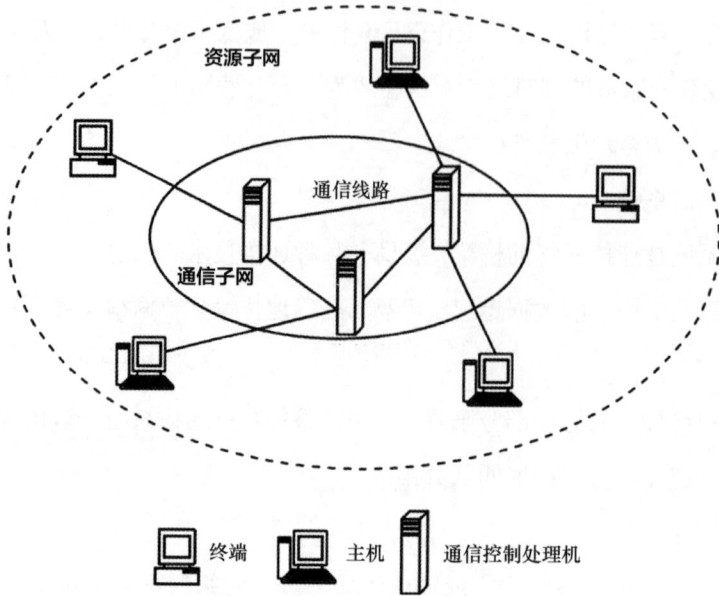

终端　　　主机　　　通信控制处理机

图 5-1　资源子网和通信子网的关系

2．计算机网络的分类

按网络覆盖的地理范围，计算机网络可以分为局域网、城域网和广域网。

局域网：将较小地理区域内的计算机或数据终端连接在一起的通信网络，其示意如图 5-2 所示。局域网覆盖的地理范围比较小，主要用于实现短距离的资源共享。

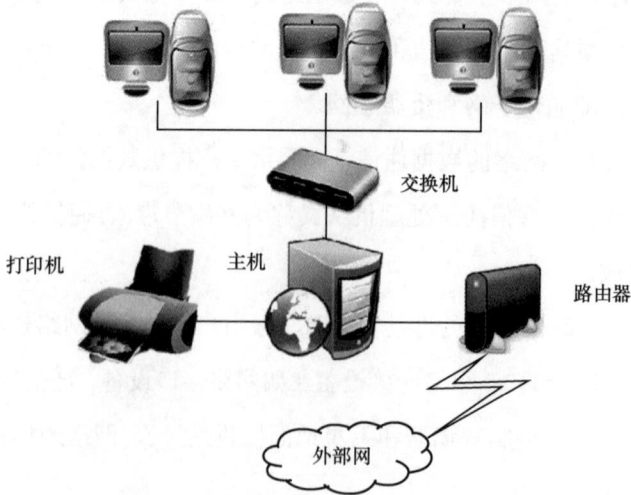

图 5-2　局域网示意

城域网：它是一种大型的通信网络，其覆盖范围介于局域网和广域网之间。城域网将一个城市内不同地点的多个局域网连接起来，实现资源共享，其示意如图 5-3 所示。

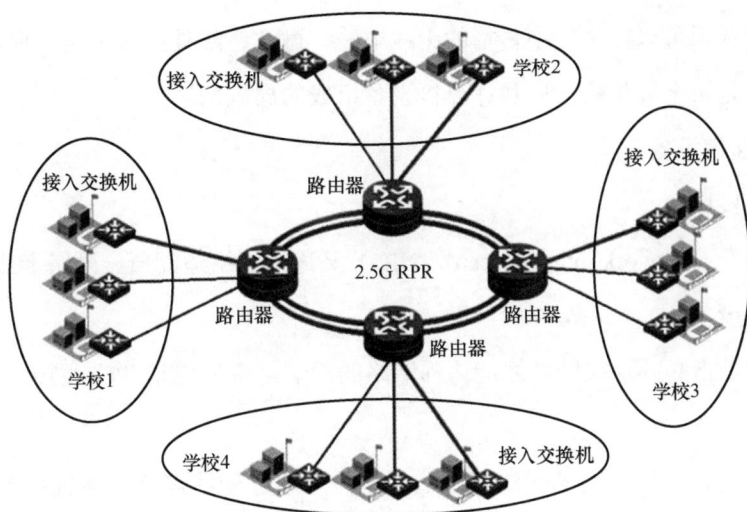

图 5-3　城域网示意

广域网：在地域上可以跨越国界、洲界，甚至覆盖全球，其示意如图 5-4 所示。目前，互联网是现今世界上最大的广域网，它是一个覆盖全球的网络。

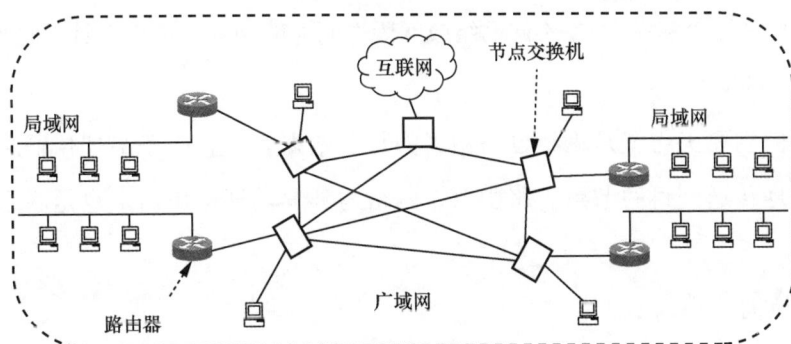

图 5-4　广域网示意

目前世界上有许多网络，不同网络的物理结构、协议和所采用的标准也各不相同。如果连接到不同网络的用户需要进行相互通信，就需要将这些不兼容的网络通过称为网关（gateway）的设备连接起来，并由网关完成相应的转换功能。

5.3.3　网络传输介质和网络通信设备

1.　网络传输介质

网络传输介质包括有线传输介质和无线传输介质两种。

目前常用的有线传输介质包括双绞线和光导纤维两种。

无线传输利用可以在空气中传播的无线电波、微波、红外线等介质实现数据的传输。无线局域网就是由无线传输介质和计算机设备组成的局域网。

2．网络通信设备

（1）网络接口卡

网络接口卡（network interface card，NIC）又称为网络适配器、网络卡或者网卡，是以太网的必备设备。

有线网卡是指必须连接网线才能访问网络的网卡，主要包括 PCI 网卡、集成网卡和 USB 网卡 3 种类型。

无线网卡是无线局域网的无线网络信号覆盖下通过无线连接网络进行上网使用的无线终端。目前的无线网卡主要包括 PCI 网卡、USB 网卡、PCMCIA 网卡和 mini-PCI 网卡 4 种类型。

（2）路由器

路由器（router）是一种连接多个网络或网段的网络设备。它能对不同网络或网段之间的数据信息进行"翻译"，使不同网络或网段之间能够相互"读懂"对方的数据，从而构成一个更大的网络。

路由器的主要工作就是为经过路由器的每个数据帧寻找一条最佳传输路径，并将该数据有效地传送到目的节点。路由器是网络与外界的通信出口，也是联系内部子网的桥梁。

（3）交换机

交换机（switch）是一种用于电信号转发的网络设备。它可以为接入交换机的任意两个网络节点提供独享的电信号通路。常见的交换机是以太网交换机和光纤交换机。

5.3.4 计算机网络的设置与使用

1．IP 地址查询和设置

（1）IP 地址简介

IP 地址是互联网上用于识别和定位设备的唯一地址。它是一个由 32 位（IPv4）或 128 位（IPv6）二进制数组成的标识符。在互联网通信中，每个设备（如计算机、手机、路由器等）都需要拥有唯一的 IP 地址，以便进行数据传输和网络通信。

（2）查询 IP 地址

查询 IP 地址的步骤如下。

步骤 1：按住组合键 Win+R，在打开的界面中输入"cmd"。

步骤 2：在弹出的第二个界面中输入"ipconfig"命令并按回车键，即可查到 IP 地址。在图 5-5 所示查询 IP 地址结果中，IPv4 地址即本地 IP 地址。如果一台计算机还有其他 IP 地址，比如虚拟机上的地址，那么这里也会显示出来。

图 5-5　查询 IP 地址结果

（3）设置静态 IP 地址

静态 IP 地址可以使远程访问更加便捷。如果需要从外部网络访问设备或者进行远程办公，那么静态 IP 地址可以提供一个固定的入口，不需要远程访问时频繁更改 IP 地址。

在图 5-6 所示界面单击"更改适配器选项"，这时会弹出目前连接的网络（未展示）。

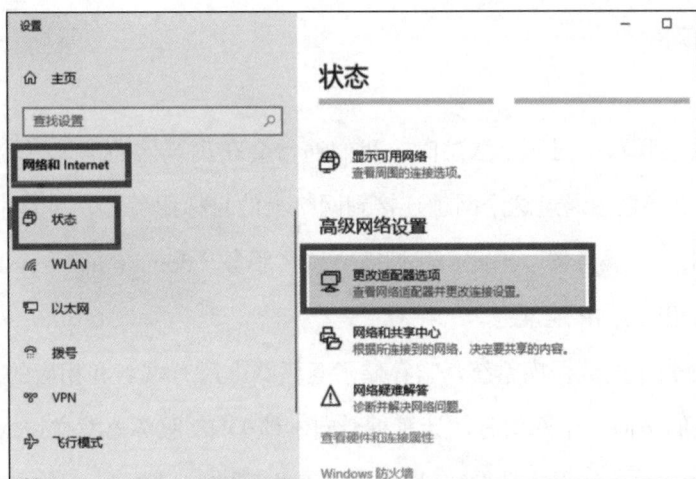

图 5-6　打开更改适配器选项

选中目前所用的网络并单击鼠标右键，在弹出的快捷菜单中选择"属性"，这时会弹出"WLAN 属性"界面，如图 5-7 所示。在这个界面上勾选"Internet 协议版本 4（TCP/IPv4）"，并单击"属性"按钮，进入图 5-8 所示界面对 IP 地址进行设置。

在图 5-8 所示界面中，系统默认自动获取 IP 地址，这样会导致每次远程连接都要先查询当前的 IP 地址，非常不便于远程操作。下面我们勾选 "使用下面的 IP 地址"，将 IP 地址设置成静态 IP 地址。

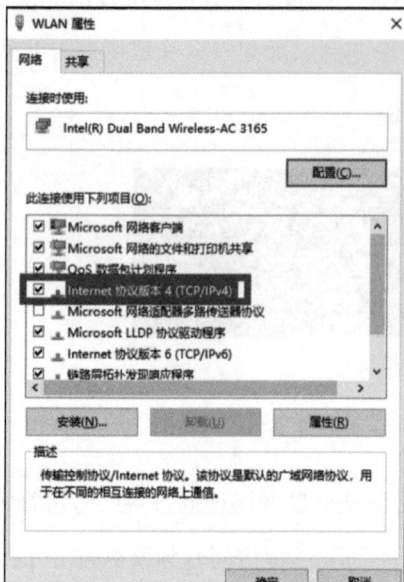

图 5-7 "WLAN 属性" 界面   图 5-8 设置静态 IP 地址

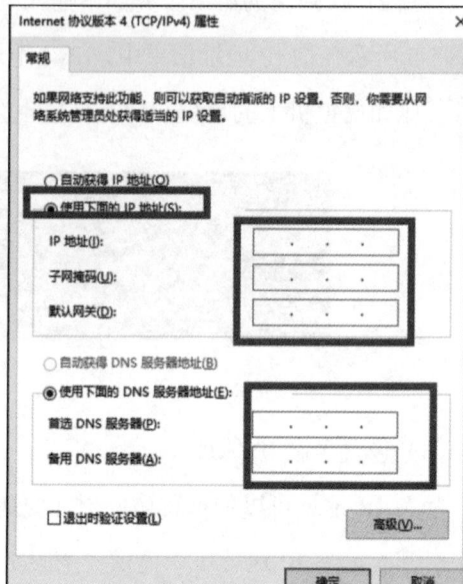

2．DNS 和网关

（1）DNS

当想要通过互联网访问一个网站时，我们通常会在浏览器的地址栏输入该网站的网址。但是，我们不能直接通过这个网址连接到网络上的目标服务器，因为计算机只知道如何根据 IP 地址来定位服务器，因此，我们需要域名服务（domain name system，DNS）将这个网址转换为相应的 IP 地址。

DNS 是一种分布式数据库系统，它存储了互联网上所有域名和相应的 IP 地址之间的映射关系。当我们访问一个网站时，计算机会向本地 DNS 服务器发送请求，询问相应的域名所对应的 IP 地址。如果本地 DNS 服务器没有相应的映射关系，那么它会向较高级别的 DNS 服务器发送请求，一直向上追溯，直到找到所需的 IP 地址并返回给计算机。

（2）网关

网关地址是指在一台计算机或网络中，连接两个不同网络的设备的 IP 地址。简单来说，网关就是连接两个不同子网的设备，实现数据传输的桥梁。网关可以是路由器、交换机、防火墙等设备，也可以是运行特定网络服务的主机或服务器。

当一台计算机需要连接到网络的其他子网时，计算机需要通过网关才能访问这些子网。换句话说，网关地址就是目标网络的默认出口地址，将数据包从本地网络发送到目标网络。例如，当计算机连接到一个无线路由器时，这个无线路由器就是计算机的网关。

举个具体的例子。家庭网络是一个局域网，包括多台计算机和多个智能设备。若想连接到互联网上的某个网站，而互联网与家庭网络不在同一个子网内，也就是说，家庭网络无法直接访问互联网上的这个网站，因此需要通过网关连接到互联网上。

一种常见的情况是，家庭网络使用路由器来连接到互联网上，路由器充当着家庭网络和互联网之间的桥梁，有一个公共 IP 地址和一个或多个私有 IP 地址。在这种情况下，路由器的私有 IP 地址就是家庭网络中的网关地址，计算机需要知道这个地址才能访问互联网上的网站。当用户在浏览器中输入网址时，计算机会将数据包发送到网关地址，由路由器将数据包转发到互联网上的对应服务器上，从而实现网络通信。

3．防火墙

网络防火墙是一种用来加强网络之间访问控制的特殊网络互联设备。计算机流入和流出的所有网络通信均要经过此防火墙。防火墙对流经它的报文进行扫描，过滤一些攻击行为，以免这些攻击行为在目标计算机上被执行。防火墙可以关闭不使用的端口，而且它能禁止特定端口的报文流出，封锁木马病毒。此外，防火墙可以禁止来自特殊站点的访问，从而防止来自不明入侵者的所有通信。

防火墙可以分为以下 3 类。

（1）网络层防火墙

网络层防火墙保护整个网络不受非法入侵，其典型技术是包过滤技术，即检查进入网络的分组，将不符合预先设定标准的分组过滤掉，而让符合标准的分组通过。包过滤技术主要基于路由技术，依据静态或动态的过滤逻辑，在对数据包进行转发前根据数据包的目的地址、源地址及端口号来过滤数据包。

（2）应用级网关防火墙

应用级网关防火墙控制对应用程序的访问，即允许设备访问某些应用程序而阻止设备访问其他应用程序。采用的方法是在应用层网关上安装代理软件，每个代理模块分别针对不同的应用。例如，远程登录代理（telnet proxy）负责远程终端协议在防火墙上的转发，文件传输代理（FTP proxy）负责 FTP 在防火墙上的转发。管理员可以根据需要安装相应的代理,用以控制对应用程序的访问。各个代理模块相互无关,即使某个代理模块的工作发生问题,只需要将其拆卸,不会影响其他代理模块的正常工作,从而保证了防火墙的安全性。这种防火墙又叫作代理防火墙,它由代理服务器和过滤路由器组成,是目前较流行的一种防火墙。

（3）监测型防火墙

监测型防火墙能够对数据进行主动的、实时的监测,在对这些数据加以分析的基础上,监测型防火墙能够有效判断非法侵入行为。同时,监测型防火墙一般带有分布式探测器,这些探测器安置在各种应用服务器和其他网络的节点之中,不仅能够监测来自网络外部的攻击,而且对来自网络内部的恶意破坏也有极强的防范作用。

5.3.5 互联网概述与应用

1. 互联网概述

互联网是全球最大、连接能力最强,由遍布全世界的众多大大小小的网络相互连接而成的计算机网络。它是由美国的阿帕网（ARPAnet）发展起来的。互联网主要采用 TCP/IP 协议族中的相关协议,使网络上的计算机可以相互交换信息。在人们的工作、生活中,互联网起着越来越重要的作用。

2. 互联网基本概念

（1）TCP/IP

传输控制协议（transmission control protocol，TCP）是传输层协议。TCP 提供端到端的、可靠的、面向连接的服务。TCP/IP 是一个工业标准的协议族。随着 TCP/IP 在各个行业中的成功应用,它已成为事实上的网络标准,广泛应用于各种网络设备间的通信。

（2）IP 地址

IP 地址即网络协议地址。连接到互联网的每台主机都有全网络唯一的 IP 地址。IP 地址由 4 B（32 bit）组成,通常用小圆点（.）分隔,其中的每个字节可用十进制数来表示,取值范围为 0～255。例如,192.168.1.51 就是一个 IP 地址。IP 地址通常可分成两部分,第一部分是网络号,第二部分是主机号。

互联网的 IP 地址可以分为 5 类,它们分别是 A 类、B 类、C 类、D 类、E 类,各类地址范围具体如下。

A 类：1.0.0.1～127.255.255.255。

B 类：128.0.0.1～191.255.255.255。

C 类：192.0.0.1～223.255.255.255。

D 类：224.0.0.0～239.255.255.255。

D 类地址留给互联网架构委员会使用。

E 类地址保留在今后使用。

（3）URL

在互联网上，每一个信息资源都有唯一的地址，该地址叫统一资源定位符（uniform resource locator，URL）。URL 由资源类型、主机域名、资源文件路径和资源文件名四部分组成，其格式为"资源类型://主机域名/资源文件路径/资源文件名"。

（4）HTTP

超文本传送协议（hypertext transfer protocol，HTTP）是一种传输由超文本标记语言（hypertext markup language，HTML）编写的文本的协议。这种文本就是通常所说的网页。有了 HTTP，浏览器和服务器之间才能够通信，用户也可以浏览网络中的各种信息。网页就是 Web 网站上的 HTML 文档，是构成网站的基本元素。

3．网络的接入

光纤是一种用于宽带网络的传输介质，具有传输容量大、传输质量高、损耗低和中继距离长等优点。

光纤接入网络一般有两种形式。一种是将光纤接入到小区节点或楼道节点，再通过双绞线连接到各个网络共享点上，进而连接用户终端；另一种是光纤到户，将光纤布设到用户处，再通过有线或无线等方式连接终端。

4．互联网的应用

（1）电子邮件

在编写电子邮件的过程中，人们经常会使用一些专用名词，具体如下。

收件人：邮件的接收者，用于输入收件人的电子邮箱地址。

主题：邮件的主题，即邮件的名称。

抄送：用于输入同时接收该邮件的其他人的电子邮箱地址。在抄送方式下，收件人能够看到发件人将该邮件抄送给的其他文件对象。

密件抄送：与抄送不同的是收件人被抄送的对象。

附件：随同邮件一起发送的附加文件。

正文：电子邮件的主体部分，即邮件的详细内容。

（2）文件传输

文件传输是指通过网络将文件从一个计算机系统复制到另一个计算机系统的过程。互联网通过 FTP 实现文件传输。人们通过 FTP 可将一个文件从一台计算机传送到另一台计算机上，无论这两台计算机使用的操作系统是否相同，相隔的距离有多远。

（3）搜索引擎

搜索引擎是专门用来查询信息的网站。这些网站可以提供全面的信息查询。搜索引擎主要包括信息搜集、信息处理和信息查询等功能。目前，常用的搜索引擎有百度、搜狗、搜狐、360 搜索及搜搜等。

5.4 项目实验

5.4.1 使用 ping 命令排查网络故障

ping 是个使用频率极高的互联网控制报文协议（Internet control message protocol，ICMP）的程序，用于确定本地主机是否能与另一台主机交换（发送和接收）数据包。根据返回的信息，我们就可以推断 TCP/IP 参数是否设置正确，以及运行是否正常。简单来说，ping 就是一个连通性测试程序。在 Windows 终端上运行 ping 命令，系统将发送 4 个 ICMP 回送请求报文。如果通信链路正常，那么终端会收到 4 个应答报文。

以下是 ping 命令应用示例。

首先，使用 ipconfig 命令查看本机网络信息。

ipconfig 命令可选用多个参数，实现不同的功能。最常用的方式是带/all 参数，这样可以查到所有接口的详细配置信息。在命令提示符界面输入"ipconfig /all"命令并按回车键，得到的结果如图 5-9 所示。

根据图 5-9 可知，本机 IP 地址为 192.168.31.171，子网掩码为 255.255.255.0，默认网关（地址）为 192.168.31.1，DNS 服务器地址为 192.168.31.1。

然后，ping 不同 IP 地址测试连通性。

ping 127.0.0.1：即 ping 环回地址，验证本地计算机上是否正确安装了网络协议，以及配置是否正确。

ping 本机 IP 地址：计算机始终都应该对该 ping 命令作出应答，若没有应答，则表示本地配置或者安装存在问题。

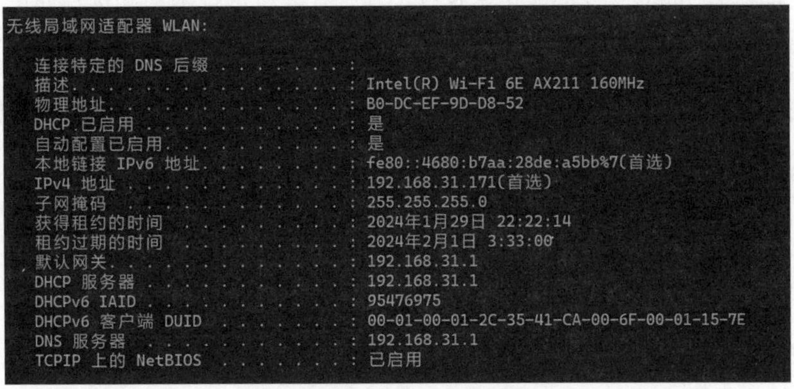

```
无线局域网适配器 WLAN:

   连接特定的 DNS 后缀 . . . . . . . :
   描述. . . . . . . . . . . . . . . : Intel(R) Wi-Fi 6E AX211 160MHz
   物理地址. . . . . . . . . . . . . : B0-DC-EF-9D-D8-52
   DHCP 已启用 . . . . . . . . . . . : 是
   自动配置已启用. . . . . . . . . . : 是
   本地链接 IPv6 地址. . . . . . . . : fe80::4680:b7aa:28de:a5bb%7(首选)
   IPv4 地址 . . . . . . . . . . . . : 192.168.31.171(首选)
   子网掩码  . . . . . . . . . . . . : 255.255.255.0
   获得租约的时间  . . . . . . . . . : 2024年1月29日 22:22:14
   租约过期的时间  . . . . . . . . . : 2024年2月1日 3:33:00
   默认网关. . . . . . . . . . . . . : 192.168.31.1
   DHCP 服务器 . . . . . . . . . . . : 192.168.31.1
   DHCPv6 IAID . . . . . . . . . . . : 95476975
   DHCPv6 客户端 DUID  . . . . . . . : 00-01-00-01-2C-35-41-CA-00-6F-00-01-15-7E
   DNS 服务器  . . . . . . . . . . . : 192.168.31.1
   TCPIP 上的 NetBIOS  . . . . . . . : 已启用
```

图 5-9　ipconfig/all 命令结果

ping 网关地址：这个命令如果应答正确，那么表示局域网中的路由器正在运行并能够作出应答，否则应检查路由器是否存在问题。以图 5-9 所示网关地址为例，ping 网关地址（ping 192.168.31.1）命令的结果如图 5-10 所示。

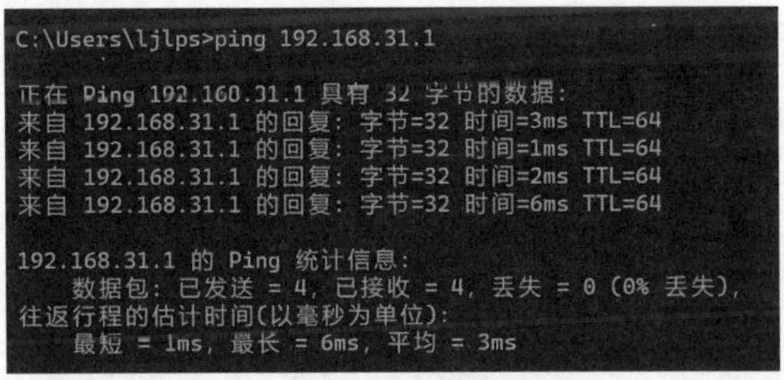

```
C:\Users\ljlps>ping 192.168.31.1

正在 Ping 192.168.31.1 具有 32 字节的数据:
来自 192.168.31.1 的回复: 字节=32 时间=3ms TTL=64
来自 192.168.31.1 的回复: 字节=32 时间=1ms TTL=64
来自 192.168.31.1 的回复: 字节=32 时间=2ms TTL=64
来自 192.168.31.1 的回复: 字节=32 时间=6ms TTL=64

192.168.31.1 的 Ping 统计信息:
    数据包: 已发送 = 4，已接收 = 4，丢失 = 0 (0% 丢失)，
往返行程的估计时间(以毫秒为单位):
    最短 = 1ms，最长 = 6ms，平均 = 3ms
```

图 5-10　ping 网关地址命令结果

ping 局域网内其他 IP 地址：这个命令会离开本地计算机，经过网络发送到目标计算机上。若收到应答报文表明本地网络中的设备和配置正确，运行正常。如果收到 0 个应答报文，那么表示网络有问题。

ping 远程 IP 地址：如果收到 4 个应答报文，那么表示终端能够成功地访问互联网。

ping localhost：localhost 是操作系统的网络保留名，它是 127.0.0.1 的别名，每台计算机都应该能够将该名字转换成该地址。如果没有做到这一效果，那么表示主机(host)文件中存在问题。

ping 域名：计算机 ping 域名（如 ping www.ptpress.com.cn）通常通过 DNS 服务器解

析，如果这时出现问题，那么表示本机 DNS 服务器的 IP 地址配置不正确或者 DNS 服务器有故障。

如果上面所有 ping 命令都能正常执行，那么计算机进行本地和远程通信的功能基本上就没有问题了。但是，这些命令的成功并不表示所有的网络配置都没有问题。例如，某些子网掩码错误就可能无法用这些方法检测出来。当遇到具体问题时，用户需要对症下药，寻找解决的方法。

5.4.2 设置共享文件夹

在计算机上设置共享文件夹的步骤如下。这里涉及两台计算机。

步骤 1：使用 ipconfig 命令分别查看计算机 1 和计算机 2 的 IP 地址，确定两台计算机的 IP 地址属于同一个局域网。例如，PC01 和 PC02 的 IP 地址分别为 192.168.31.201 和 192.168.31.171，它们的默认网关都是 192.168.31.1，那么说明它们处在同一个局域网内，满足共享文件的要求。

步骤 2：修改计算机名称。进入"控制面板"，选择"系统和安全"（或"系统"）→ "查看该计算机的名称"。在系统界面中，我们将两台计算机的名称分别修改为 PC01 和 PC02，如图 5-11 所示。

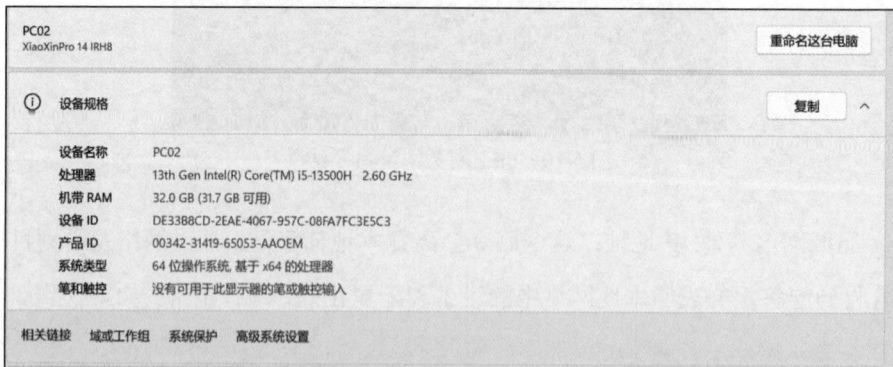

图 5-11　修改计算机的名称（以 PC02 为例）

计算机名称可以与 IP 地址形成映射，后续我们可以通过该名称直接访问另一台计算机的共享文件夹。

步骤 3：修改账户名和密码。进入"控制面板"，选择"用户账户"→"更改账户类型"，如图 5-12 所示。在"更改账户"页面，将账户名称修改为"USER 学号"（这里改为"USER01"和"USER02"），并将密码设置为"admin"。

图 5-12　"更改账户"界面

步骤 4：设置共享文件夹。要在 PC02 上访问位于 PC01 的共享文件夹，我们需要知道 PC02 的计算机名称、用（账）户名称和密码。

首先，在 PC01 上新建名称格式为测试+学号的文件夹，如"测试01"，并在该文件夹中新建一个名称格式为测试+学号的可编辑的 txt 文件。打开图 5-13（a）所示文件夹（测试01）属性界面，选择"高级共享"选项。

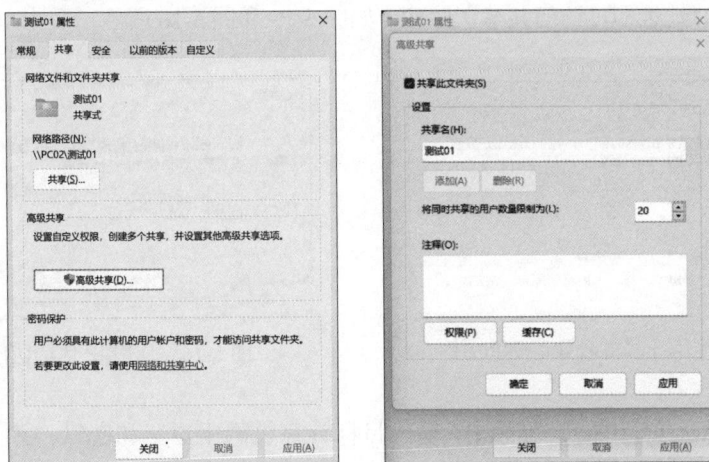

（a）文件夹属性界面　　　（b）勾选"共享此文件夹"选项

图 5-13　设置共享文件夹

在图 5-14 所示界面设置共享权限的组为"Everyone"。如果不存在该组别，那么可使用添加功能添加该组别。在这里，我们将文件夹共享权限设置为"读取"，即局域网内其他计算机对该共享文件夹只能读取，不能添加或删除内容。

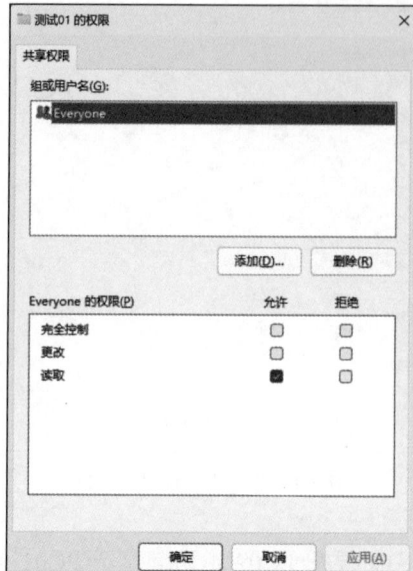

图 5-14　设置共享权限

完成以上设置后，共享文件夹的网络路径为"\\PC01\测试 01"，我们可以在 PC02 上根据这个路径访问共享文件夹。

步骤 5：访问共享文件夹。在 PC02 上使用组合键 Win+R 打开运行窗口，输入 PC01 的计算机名称或 IP 地址即可访问共享文件夹，如图 5-15 和图 5-16 所示。

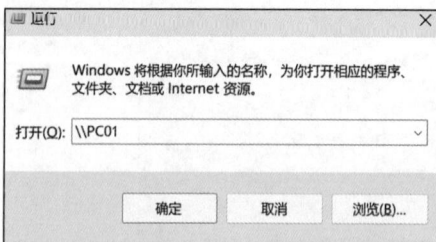

图 5-15　使用计算机名称访问 PC01

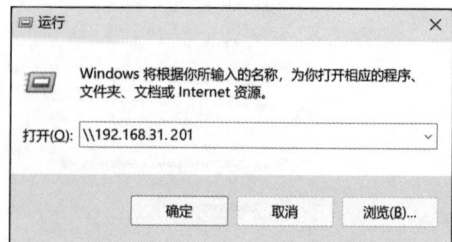

图 5-16　使用 IP 地址访问 PC01

在"Windows 安全中心"界面中，输入目标计算机的用户名和密码。我们可以在 PC01 上直接访问 PC02 的共享文件夹了。

由于设置的共享权限是读取，我们只能打开、复制该文件夹里的文件到本地计算机，并不能给该文件夹新增或修改新的内容。

5.5　习题

1. ping 百度的 IP 地址能返回正常消息，ping 百度域名却出错，这是什么问题导致的？如何解决这个问题呢？

2. 当小组合作时，各组员可以利用局域网共享文件功能提高合作效率，此时仅读取共享文件就足够吗？如果希望可以新增或修改内容，那么应该怎么设置呢？

项目六 云计算概述

6.1 项目要求

亚马逊网络服务（Amazon Web service，AWS）是一个提供 Web 服务解决方案的平台，它提供了不同抽象层上的计算、存储和网络的解决方案。用户可以使用这些服务来托管网站，运行企业应用程序和进行大数据挖掘。本项目引入具体的应用示例，意图让读者对云计算和 AWS 平台有一个整体了解，并通过注册 Amazon Simple Storage Solution（Amazon S3）账户在云上存取数据，熟悉存储数据的方法和技术，了解云计算高可用性、高扩展的最佳实践。

6.2 学习目标

☑ 技能目标

（1）了解云计算的基本概念与特征。

（2）了解云计算的服务类型。

（3）了解云计算的部署模式。

（4）掌握从 Web 控制台使用 Amazon S3 进行文件存储。

☑ 思政目标

（1）通过对比国内外云平台发展现状（如 AWS 全球布局），引导读者认识我国云计算领域的差距与机遇，激发投身国产云计算技术研发的责任感和使命感。

（2）结合云存储实验（Amazon S3 操作），强调数据主权和隐私保护的重要性，树立"安全用云"的合规意识。

（3）通过云计算"资源池化""按需服务"的特性，引导读者理解集约化技术对降低能耗的贡献，培养可持续发展观。

　　☑　**素养目标**

（1）掌握云存储（Amazon S3）的核心操作逻辑，能举一反三地在国产云平台（如阿里云）进行实践。

（2）理解弹性扩展、高可用等云特性，形成动态调配资源的系统化思维。

（3）在实验操作中严格遵循权限管理、数据加密等规范，养成安全运维习惯。

6.3　相关知识

6.3.1　云计算的由来

1．演化进程

20 世纪 60 年代，约翰·麦卡锡提出了一种"计算工具箱"的概念，它可以视为云计算的雏形。然而，由于当时的技术限制，这个概念并没有得到普及。直到 20 世纪 90 年代，随着互联网的广泛应用，人们开始逐渐意识到云计算的潜力和机遇。

最初，云计算是基于虚拟化技术发展的，通过虚拟化技术，可以将物理硬件资源转化为虚拟资源，从而实现资源的共享和高效利用。后来，随着技术的发展，云计算逐渐演变成基于云服务的架构模式，这种模式将应用程序和数据存储在远程的数据中心，并通过互联网供用户访问和使用。

2．技术支撑

云计算的技术主要包括虚拟化技术、分布式计算、网络技术和自动化管理技术等。虚拟化技术可以将物理硬件资源转化为虚拟资源，实现资源的共享和高效利用。分布式计算可以将任务分解成多个子任务，并在多个节点上并行处理，从而提高计算效率。网络技术负责将分布在不同地点的计算节点连接起来，实现数据的传输和共享。自动化管理技术则可以对云计算资源进行自动管理和调度，确保资源的合理利用和高效运行。

6.3.2　云计算的基本概念与基本特征

1．云计算的基本概念

云计算是一种基于互联网的新型计算模式，它将 IT 基础设施、平台和应用程序以服务的方式提供给用户，使用户无须在本地安装和维护复杂的 IT 系统，而只需要通过互联网访问所需的资源和服务。云计算通过将大量的计算资源、存储资源和应用资源集中在云端，形成一个庞大的资源池，然后通过虚拟化技术将资源动态分配给各个用户，从而实现了资源的共享和高效利用。

2．云计算的基本特征

大规模：云计算的资源池通常拥有数十万甚至上百万台服务器，能够为用户提供庞大的计算能力。

虚拟化：云计算通过虚拟化技术将物理硬件资源转化为虚拟资源，用户可以按需获取和使用这些资源，而无须关心底层硬件的实现细节。

高可靠性：云计算采用了多种容错技术和数据备份策略，确保服务的高可靠性和稳定性。

通用性：云计算不针对特定的应用，同一个资源池可以同时支撑不同的应用运行。

高可扩展性：云计算的资源池可以动态伸缩，根据应用和用户规模的需求，自动增加或减少资源。

按需服务：云计算可以根据用户的需求，提供个性化的服务，用户只需要按需购买所需的服务，无须支付额外的费用。

廉价：由于云计算采用了大规模的服务器集群和自动化管理技术，可以大幅度降低 IT 成本，为用户提供更加廉价的服务。

6.3.3　云计算的服务类型

云计算是一种技术，也是一种新的服务模式。云计算的服务类型主要分为 3 种：基础设施即服务（infrastructure as a service，IaaS）、平台即服务（platform as a service，PaaS）和软件即服务（software as a service，SaaS）。

1．基础设施即服务（IaaS）

IaaS 提供的是计算、存储和网络等基础设施服务。用户可以通过网络从完善的计算机基础设施中获得服务，如服务器、存储设备、网络设备等。这种服务让用户能够按需使用和管理虚拟化的计算资源，无须对底层的物理硬件进行管理和维护。IaaS 的主要优势在于其灵活性和可扩展性，用户可以根据需要快速增加或减少计算资源。

2．平台即服务（PaaS）

PaaS 提供的是一个开发和运行环境，包括编程语言、开发工具和数据库等。PaaS 使开发者无须关注底层的技术实现，只需要关注业务逻辑的开发。这种服务类型提供了一站式开发平台，使开发者能够快速开发、测试和部署应用。PaaS 的主要优势在于它降低了开发的技术门槛，提高了开发效率。

3. 软件即服务（SaaS）

SaaS 提供的是直接面向用户的软件应用服务。用户无须购买和安装软件，只需要通过网络访问服务提供商的服务器即可使用软件。这种服务类型让用户能够按需使用软件，无须关注软件的安装和维护。SaaS 的主要优势在于其便捷性和易用性，用户可以随时随地使用软件，无须考虑软件的更新和维护。

6.3.4 云计算的部署模式

根据云计算服务的用户对象，云计算的部署模式可分为 4 种：公有云、私有云、社区云和混合云。

1. 公有云

公有云是一种对公众开放的云服务，由云服务提供商运营，为最终用户提供各种 IT 资源。公有云的核心特征是云端资源开放给社会公众使用，可以支持大量用户的并发请求。这种部署模式的优势在于其规模效应和灵活性，能够为用户提供弹性的、按需使用的计算资源。但是，由于公有云存在数据安全性问题，一些敏感数据不适合放在公有云上。

2. 私有云

私有云是一种部署在企业内部网络的云服务，只有被授权的用户才能访问。私有云可以支持动态灵活的基础设施，降低 IT 架构的复杂度，降低企业 IT 运营成本。与公有云相比，私有云的规模一般要小得多，无法充分发挥规模效应。但是，私有云的数据安全性更高，适合存储企业的敏感数据。

3. 社区云

社区云是一种介于公有云和私有云之间的云服务模式，专门供固定的几个单位内的用户使用，这些单位对云端具有相同诉求。社区云的所有权、日常管理和操作的主体可能是本社区内的一个或多个单位，也可能是社区外的第三方机构。社区云结合了公有云和私有云的优势，既能够提供灵活的计算资源，又能保证数据的安全性。

4. 混合云

混合云是由私有云及外部云提供商构建的混合云计算模式。在这种模式下，机构可以在公有云上运行非核心应用程序，而在私有云上支持其核心程序及内部敏感数据。混合云的部署对提供者的要求较高，需要实现公有云和私有云之间的无缝对接和协同。混合云的优势在于能够平衡私有云的安全性和公有云的灵活性，实现最佳的经济效益和技术效益。

6.3.5　云计算的使用场景

1．公有云

公有云是最常见的云计算形式，适用于广泛的场景。企业可以将应用和数据部署在公有云上，利用云服务商提供的弹性计算和存储资源，满足快速扩展和按需付费的需求。例如，Web 应用、移动应用、大数据分析应用等可以部署在公有云上。

2．企业私有云

企业私有云是为特定企业提供专属云服务的，适用于对数据安全、隐私保护要求较高的场景。企业可以构建自己的私有云环境，自主管理资源和服务，确保数据的合规性和安全性。私有云通常用于企业内部的信息系统、客户关系管理、企业资源管理等关键业务应用。

3．云存储系统

云存储系统适用于需要大规模数据存储和管理的场景。企业可以将数据存储在云端，通过网络进行访问和管理，实现数据的备份、恢复和共享。云存储系统提供了高可靠性、高可用性和高安全性的数据存储解决方案，适用于数据中心、在线视频平台等场景。

4．虚拟桌面云

虚拟桌面云适用于远程办公、移动办公等场景。用户可以通过终端设备远程访问云端的虚拟桌面环境，实现跨平台、跨设备的应用体验。虚拟桌面云可以提高办公效率和灵活性，降低系统建设成本、设备维护成本。

5．开发测试云

开发测试云适用于软件开发和测试阶段，提供了快速搭建、部署和管理开发测试环境的能力。开发者可以在云端创建虚拟的开发测试环境，利用云计算资源快速构建和测试应用。开发测试云可以提高开发效率和质量，降低开发成本。

6．协作云

协作云适用于团队协作、项目管理等场景，提供共享的文件存储、实时通信、在线协作等功能。团队成员可以在云端共享资料、讨论问题、协作完成任务，提高团队协作效率和沟通效果。

7. 高性能计算云

高性能计算云适用于科学计算、数据挖掘、数字模拟，以及需要大规模计算资源和高效数据处理能力等场景。高性能计算云通过虚拟化技术集中管理大量计算资源，提供强大的并行计算和分布式计算能力，支持高性能计算和数据分析任务。

8. 电子政务云

电子政务云适用于政府机构的信息化建设、公共服务提供、数据共享等场景，提供安全、可靠、高效的政务信息化服务，支持政府机构的数字化转型和公共服务创新。通过云计算技术，政府机构可以提高办公效率、优化服务流程、提升公共服务水平。

6.4　项目实验

6.4.1　注册 Amazon S3 账户

进入亚马逊云科技官方网站，在其上选择"存储"选项，在弹出的界面中选择"Amazon Simple Storage Service（S3）"选项，如图 6-1 所示。

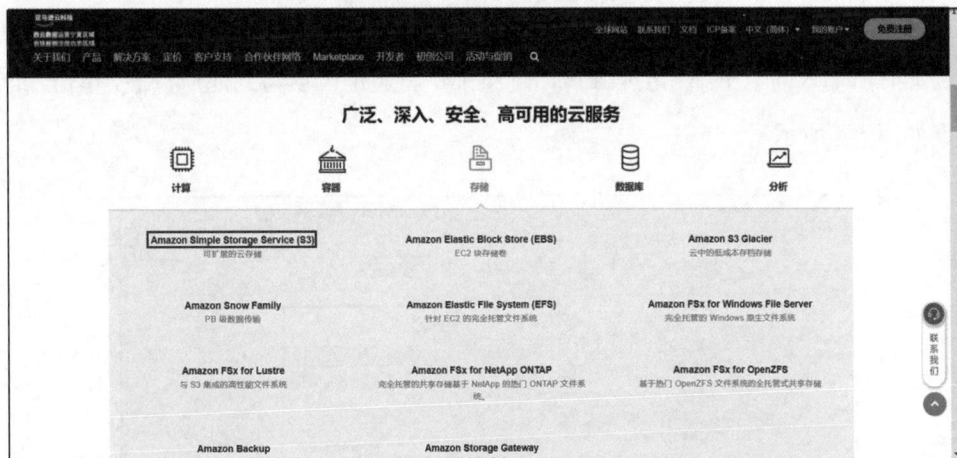

图 6-1　选择"Amazon Simple Storage Service（S3）"选项

进入 Amazon S3 可看到产品概览，单击"创建免费账户"按钮，如图 6-2 所示。

图 6-2　Amazon S3 产品概览界面

在图 6-3 所示注册界面上注册 Amazon 账户，输入常用的电子邮箱后单击"继续"按钮。

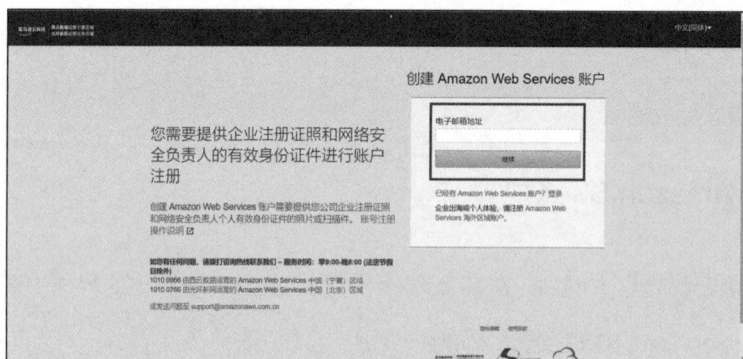

图 6-3　Amazon S3 注册界面

注册时所输入的电子邮箱会收到一个验证码，将验证码填写到注册页面，单击"继续"按钮，如图 6-4 所示。

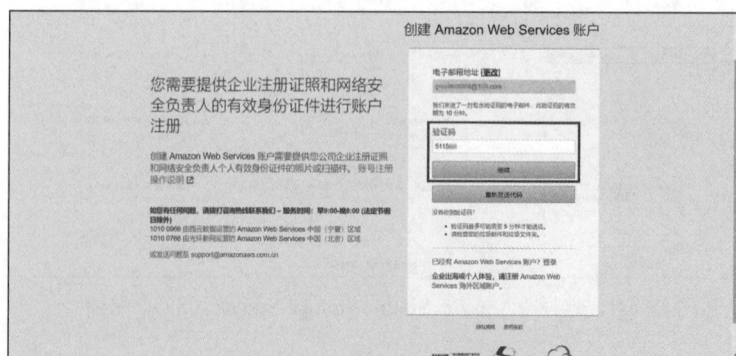

图 6-4　输入验证码

在图 6-5 所示界面输入用户名、密码及确认密码等信息，其中的密码需要按照要求进行设定。输入完毕后单击"继续"按钮（该按钮被密码具体要求遮挡）。

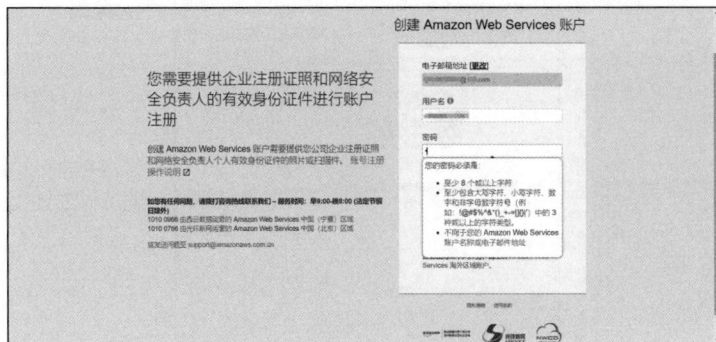

图 6-5　设置用户名及密码界面

接下来，填写联系人信息，其中包含联系人姓名和电话号码，以及公司信息，并选择是否需要发票。之后查看客户协议，勾选复选框表示已阅读并同意客户协议的条款。设置好上述信息后单击"继续"按钮，如图 6-6 所示。

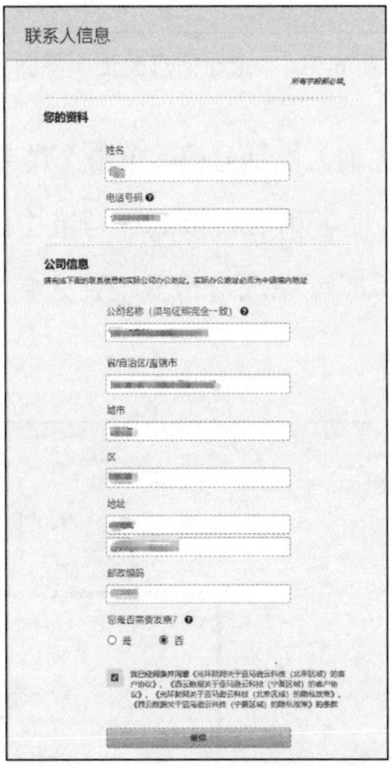

图 6-6　"联系人信息"界面

下面进行企业信息验证，这里需要上传企业营业执照，填写网络安全负责人信息和身份证件信息，信息设置好后单击"提交"按钮，如图 6-7 所示。

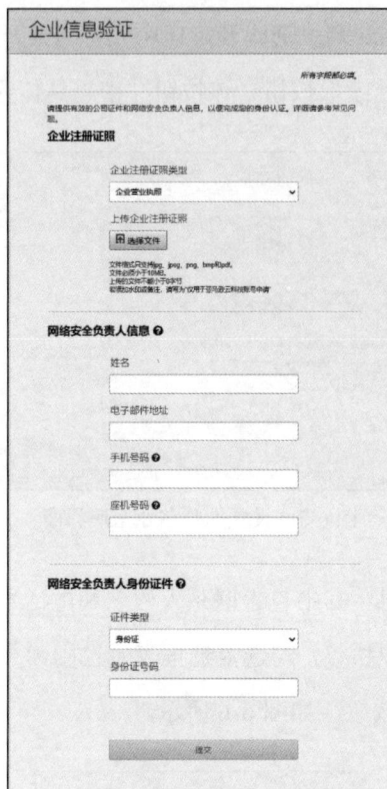

图 6-7　"企业信息验证"界面

接下来进行身份验证，首先输入电话号码，单击"联系我"按钮。这时计算机屏幕会显示一个 4 位数字的验证码，读者稍后会接到亚马逊中国的电话，按照提示要求输入计算机端显示的 4 位验证码，即可完成身份验证，之后单击"继续"按钮，如图 6-8 所示。

图 6-8　身份验证

读者可根据实际需求选择一个亚马逊云科技使用情况的支持计划。如果仅是读者个人使用而不是公司运行业务，那么这里可单击"免费"按钮，如图 6-9 所示。

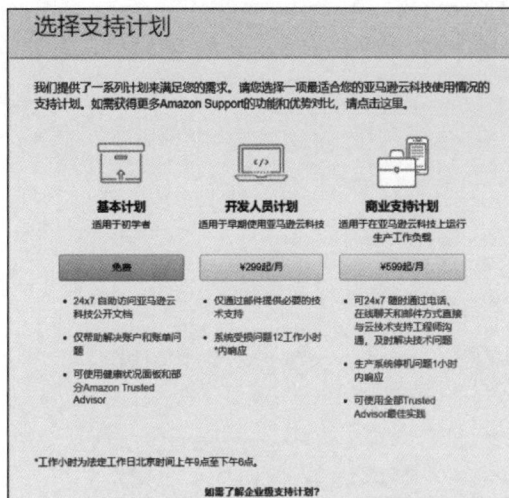

图 6-9 "选择支持计划"界面

Amazon S3 账户注册完成后的界面如图 6-10 所示。

图 6-10 Amazon S3 账户注册完成后的界面

6.4.2 通过 Web 控制台使用 Amazon S3

1. 进入 Amazon S3 控制台

注册完毕后，单击"登录控制台"按钮，亚马逊云科技管理控制台将在新的浏览器窗口中被打开，如图 6-11 所示。此界面加载完成后重新输入用户名和密码，之后在搜索栏中输入关键字 Amazon S3，选择 Amazon S3（或 S3）以打开控制台。

图 6-11　亚马逊云科技管理控制台

2．创建 Amazon S3 存储桶

存储桶是存储文件的容器，创建 Amazon S3 存储桶的过程如下。

首先，在 Amazon S3 控制面板中选择左侧的"存储桶"选项。如果已经创建 Amazon S3 存储桶，Amazon S3 控制面板将列出已创建的所有存储桶；如果是第一次创建存储桶，那么单击"创建存储桶"按钮，如图 6-12 所示。

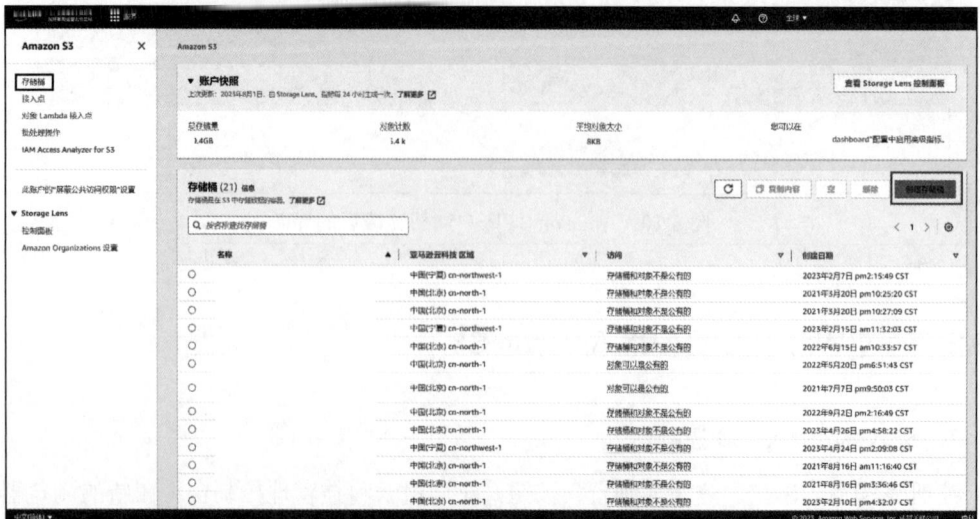

图 6-12　创建存储桶

然后在图 6-13 所示界面输入存储桶名称，存储桶名称在 Amazon S3 的全部现有存储桶名称中必须是唯一的。之后选择要在其中创建存储桶的区域，如图 6-13 所示。

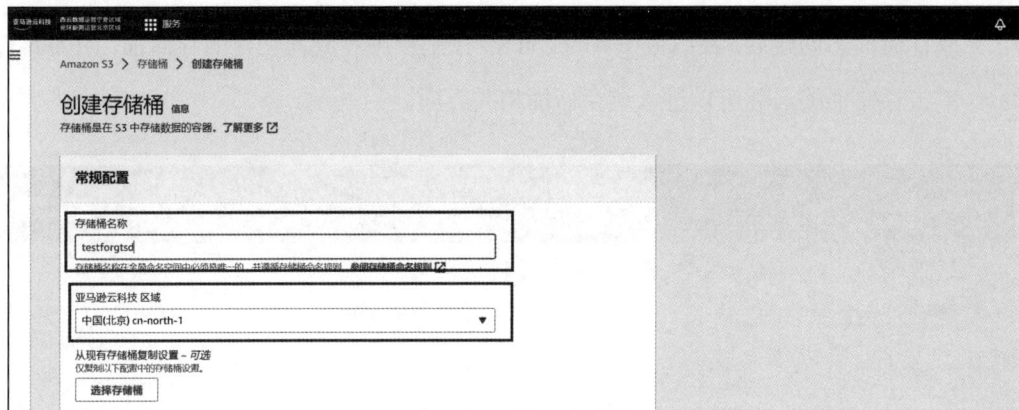

图 6-13　配置存储桶信息

Amazon S3 存储桶有许多选项，例如版本控制、服务器访问日志记录、标签、对象级日志记录和默认加密等，这里保留默认值即可。实际工作中可以根据需要进行设置，最后单击"创建存储桶"按钮，完成存储桶的创建，如图 6-14 所示。

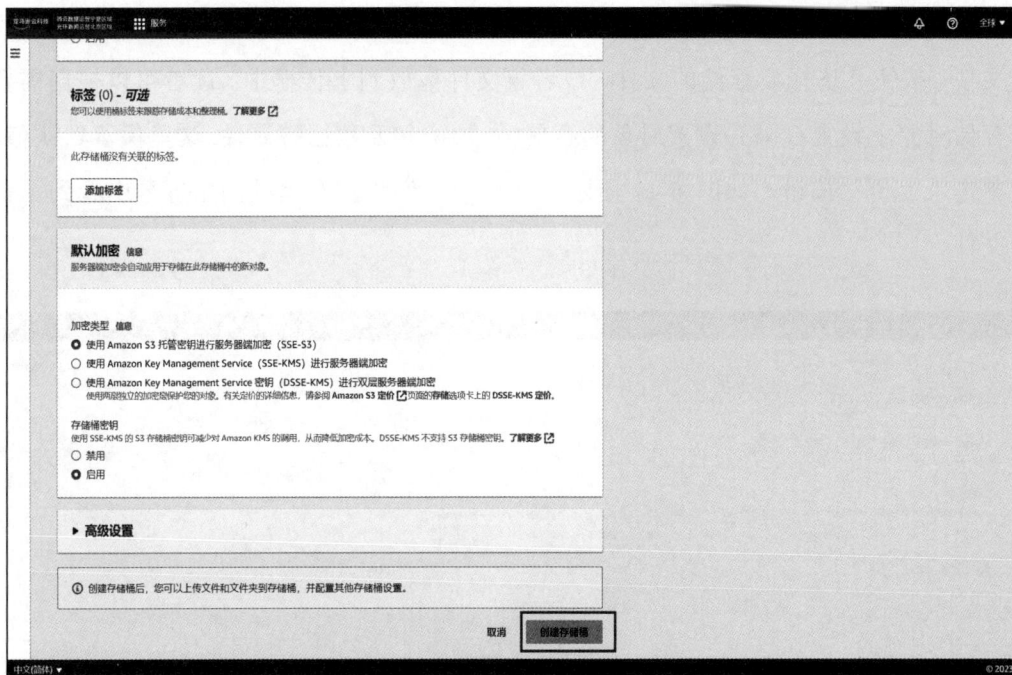

图 6-14　完成存储桶的创建

6.4.3 上传文件

完成存储桶的创建后，我们将在 Amazon S3 控制台中看到新创建的存储桶，如图 6-15 所示。单击存储桶的名称可以进入该存储桶相关界面。

图 6-15 查看新创建的存储桶

进入图 6-16 所示存储桶主页，单击"上传"按钮。选择要上传的文件，单击"添加文件"按钮并选择要存储的文件，或者将文件拖放到上传框中。读者可以根据需要在存储对象上设置权限并设置对象的存储类、加密和元数据等属性。这里保留默认值，并单击"上传"按钮，如图 6-17 所示。之后，我们将在存储桶的主屏幕中看到上传的文件。

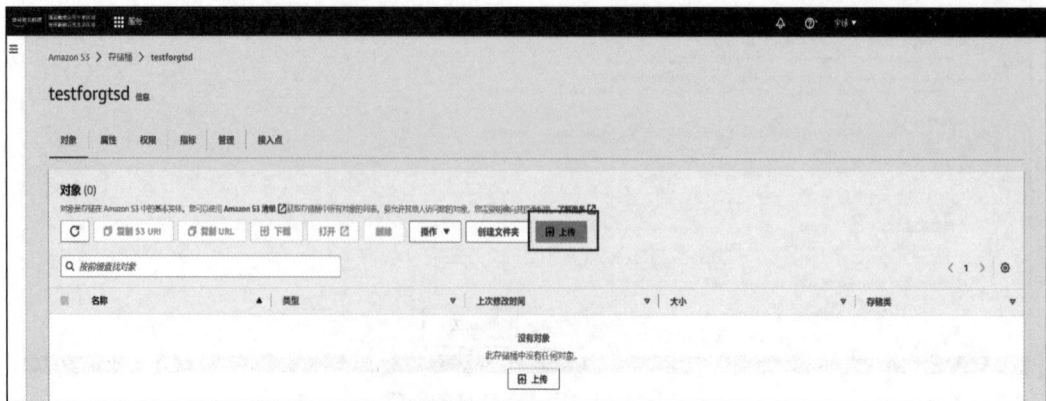

图 6-16 存储桶主页

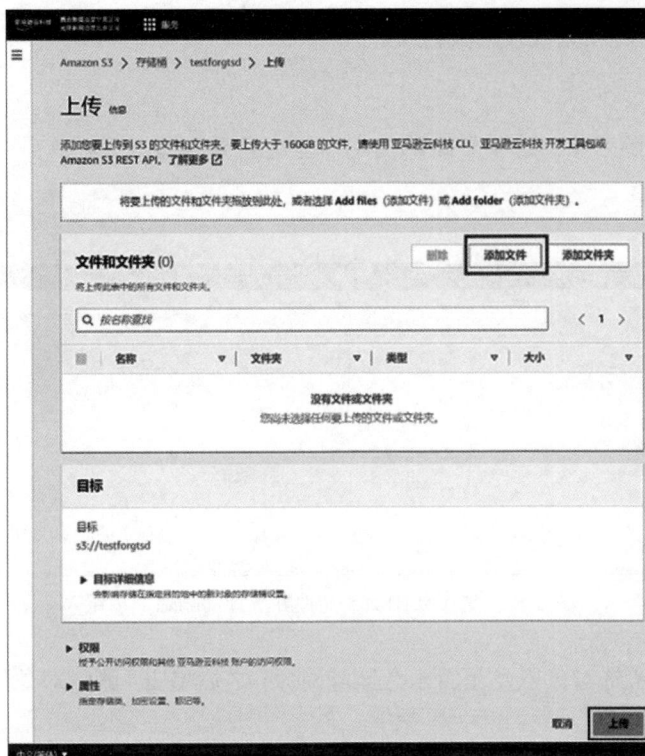

图 6-17　向存储桶上传文件

6.4.4　下载文件

在存储桶中，选中要下载的文件前边的复选框，然后单击"下载"按钮，即可下载文件，如图 6-18 所示。

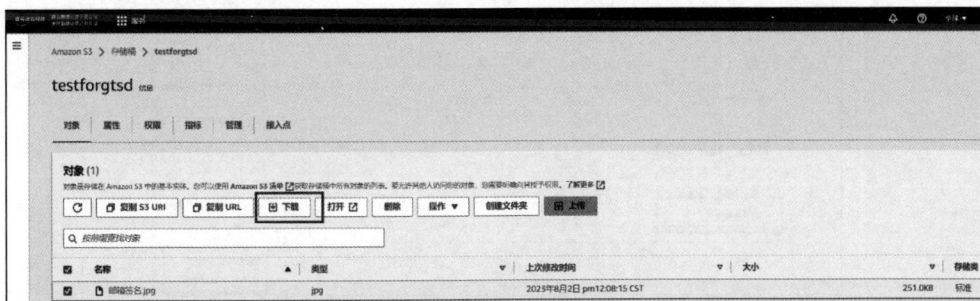

图 6-18　从存储桶下载文件

6.4.5　删除对象和存储桶

用户可以轻松地从 Amazon S3 控制台删除对象和存储桶。从应用角度来看，最好删除不再使用的资源，以免继续为其付费。

删除对象的步骤如下。

步骤 1：先删除对象。选中要删除的文件前边的复选框，然后单击"删除"按钮，如图 6-19 所示。

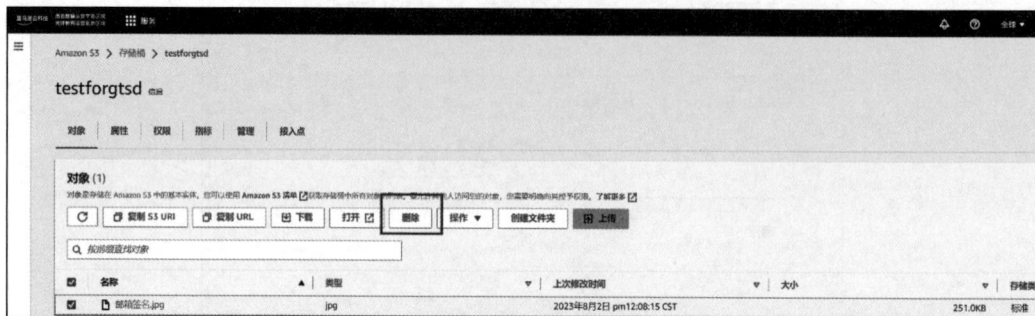

图 6-19   选中要删除的文件并选择"删除"按钮

步骤 2：确认所选对象以及是否永久删除对象，之后单击"删除对象"按钮，如图 6-20 所示。

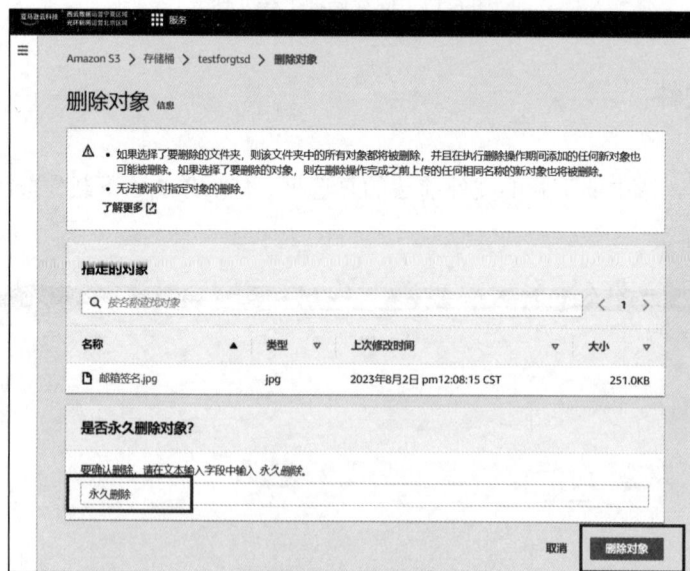

图 6-20   删除对象

删除存储桶的步骤如下。

步骤 1：选择"Amazon S3"→"存储桶"选项，查看区域中的所有存储桶，如图 6-21 所示。

步骤2：勾选之前创建的存储桶名称前面的复选框，单击"删除"按钮，如图 6-22 所示。

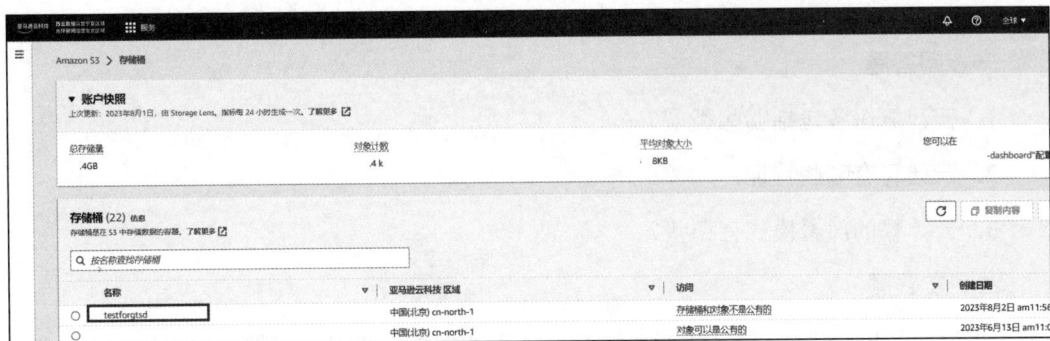

图 6-21 查看存储桶

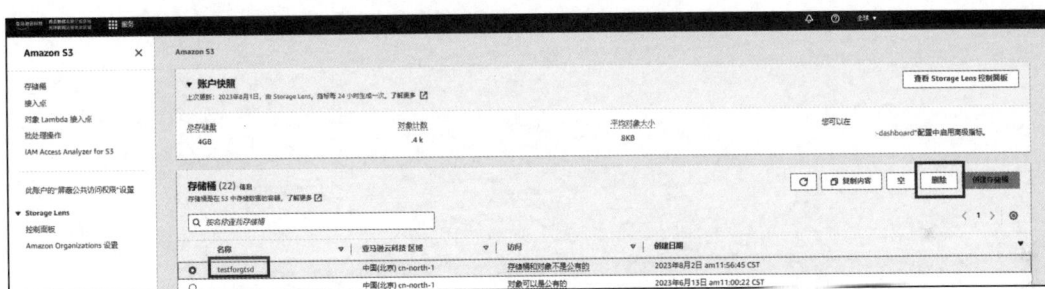

图 6-22 在列表中删除存储桶

步骤3：输入存储桶的名称，单击"删除存储桶"按钮，如图 6-23 所示。

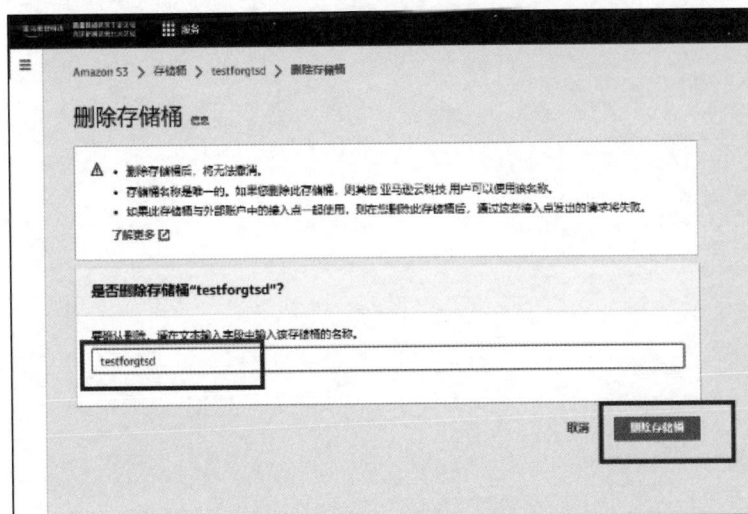

图 6-23 键入存储桶名称并单击"删除存储桶"按钮

6.5 习题

一、问答题

1. 云计算服务包括哪些类型？

2. 云计算有哪些特征？

3. 云计算的部署模式有哪些？

二、实践题

创建自己的 Amazon S3（免费）账户，并上传文件，练习云存储相关操作。

项目七　虚拟化技术

7.1　项目要求

虚拟化是一种技术，可以将物理硬件资源（如服务器、存储设备和网络设备等）转化为虚拟资源，从而实现资源的共享、灵活调配和高效利用。通过虚拟化，企业可以提高资源利用率、降低成本并增强系统的灵活性。常见的虚拟化技术包括服务器虚拟化、存储虚拟化和网络虚拟化等。虽然虚拟化带来了诸多优势，但也面临着安全性、性能管理等方面的挑战。在云计算、数据中心等领域，虚拟化技术得到了广泛应用。实施虚拟化需要合理规划硬件资源和软件资源，确保系统的稳定性和兼容性。

VMware 和 KVM 是两种流行的虚拟化解决方案。对于需要高可靠和高稳定的虚拟化环境的企业和数据中心，VMware 是更好的选择。而对于需要灵活性高和可定制性强的云计算和开源社区，KVM 更受欢迎。本项目将通过实际的应用场景示例，使读者能够全面了解虚拟化技术的核心理念及优势。掌握 VMware、KVM 的安装方法，以及掌握它们的基本操作和常用命令，能够让读者对虚拟化技术有更清晰的认知。

7.2　学习目标

☑　**技能目标**

（1）了解虚拟化的基本概念。

（2）了解虚拟化主流的解决方案。

（3）掌握 VMware 的安装以及相关配置。

（4）掌握 KVM 的安装以及其基本操作和常用命令。

☑ **思政目标**

（1）通过对比 VMware、KVM 等虚拟化技术，引导读者关注国产虚拟化技术（如华为 FusionCompute），理解技术自主可控的战略意义。

（2）在虚拟机部署实验（CentOS 安装）中强调配置细节的严谨性，养成对技术方案精益求精的态度。

（3）通过介绍 KVM、Xen 等开源技术，倡导开放共享、社区协作的开源精神。

☑ **素养目标**

（1）掌握 VMware Workstation 虚拟机创建流程，并能迁移至其他虚拟化平台（如 VirtualBox）独立操作。

（2）理解 Hypervisor 架构原理，形成"物理资源→虚拟资源"的抽象化资源管理思维。

（3）在虚拟机安装调试中识别常见问题（如网络配置、镜像加载），提高系统性排错能力。

7.3 相关知识

7.3.1 虚拟化简介

1. 虚拟化概念

虚拟化是一种资源管理技术，它通过将物理硬件资源抽象成虚拟资源来提供对硬件资源的统一管理和使用。通过虚拟化，用户可以在单一物理硬件上运行多个虚拟机，每个虚拟机都拥有独立的操作系统和应用程序，并且可以像独立的物理计算机一样运行。

虚拟化架构与传统架构的对比如图 7-1 所示。虚拟化架构允许多个独立的虚拟系统在同一物理硬件机器上并行运行，每个虚拟系统都可以承载不同的应用，这与传统架构显著不同。传统架构中的操作系统是直接运行在物理主机上的，而在虚拟化架构中，操作系统由运行在物理主机上的虚拟化软件（如 VMware）来管理，各个具体应用在这些虚拟机上运行。这种设计使一台物理主机能够同时运行多个操作系统，而且这些系统之间相互隔离且互不干扰。

応用
操作系统
虚拟化软件
物理主机

応用
操作系统
物理主机

（a）虚拟化架构　　　　　　（b）传统架构

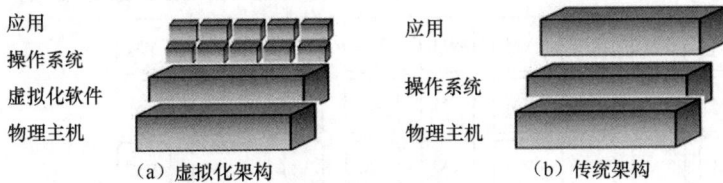

图 7-1　虚拟化架构与传统架构对比

2．虚拟化意义

虚拟化的意义体现在以下方面。

提高资源利用率：虚拟化可以动态分配和调度物理硬件资源，使资源的使用更加高效。通过共享物理硬件资源，多个虚拟机可以在同一台物理服务器上运行，从而减少硬件资源的浪费。

降低成本：虚拟化可以降低企业的 IT 成本。通过减少物理服务器的数量，企业可以节省硬件购置、维护和管理成本。此外，虚拟化可以降低能源消耗和散热需求，进一步降低运营成本。

提高可靠性和可用性：虚拟化可以实现高可用性和灾难恢复等特性。虚拟机迁移、快照备份等技术可以确保业务的连续性和数据的完整性。

简化管理和维护：虚拟化可以实现对虚拟机的集中管理和维护，简化 IT 管理流程。通过虚拟化管理平台，管理员可以轻松部署、监控和管理虚拟机，提高工作效率。

促进云计算和数据中心的发展：虚拟化是云计算和数据中心的重要基础，有助于实现资源的池化管理和按需分配，为用户提供强大的应用支撑。

7.3.2　虚拟化分类

虚拟化的分类主要包括以下几种。

1．服务器虚拟化

服务器虚拟化是一种可以在一台物理服务器上创建多个虚拟服务器实例，并且每个实例都可以运行独立的操作系统和应用程序的技术。这种虚拟化技术使一台物理服务器可以同时运行多个虚拟服务器，从而提高服务器资源的利用率。

在服务器虚拟化中，虚拟化软件（如 VMware、Hyper-V 等）将物理服务器的硬件资源（如处理器、内存、存储等）进行抽象和分割，创建多个虚拟机来模拟独立的服务器。每个虚拟机都可以运行一个独立的操作系统和应用程序，就像在一台真实的服务器上一样。图 7-2 展示了一种服务器虚拟化解决方案。

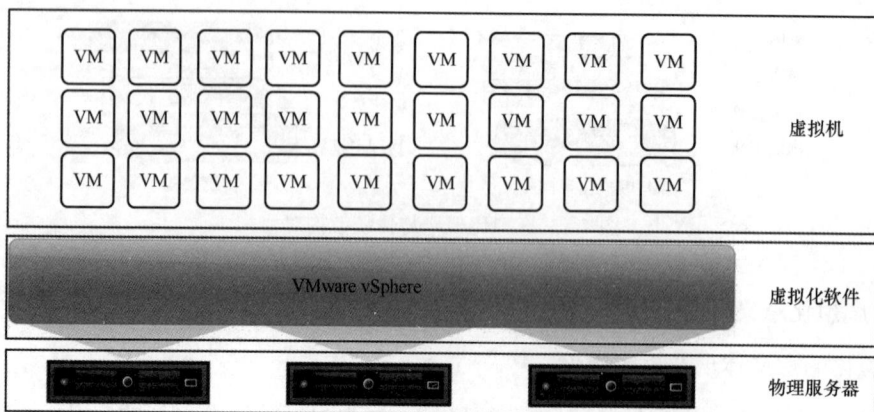

图 7-2　服务器虚拟化解决方案

服务器虚拟化主要分为 3 种类型：完全虚拟化、部分虚拟化和操作系统级虚拟化。完全虚拟化是一种基于软件的虚拟化技术，通过在物理服务器上安装虚拟化软件（如VMware、Hyper-V 等），创建一个虚拟化层（如 hypervisor 层）来模拟硬件环境。在完全虚拟化中，每个虚拟机运行独立的操作系统和应用程序，不需要对应用程序进行修改。部分虚拟化则需要修改客户操作系统，以便更好地利用虚拟化技术所提供的硬件资源。操作系统级虚拟化是一种更轻量级的虚拟化技术，它虽然共享一个操作系统内核，但为每个应用程序提供独立的运行环境。

服务器虚拟化技术的主要优势包括提高资源利用率、降低能耗和运营成本、简化系统管理和提高业务适应性。通过将物理服务器资源抽象成逻辑资源，服务器虚拟化技术使CPU、内存、存储等硬件变成可以动态管理的资源池，从而提高资源的利用率。服务器虚拟化技术还可以实现服务器整合，减少物理服务器的数量，降低数据中心每个月的能耗和制冷开销。同时，服务器虚拟化技术有利于更方便地进行系统管理和维护，实现快速部署和业务的灵活调整。

2. 网络虚拟化

网络虚拟化是指在一个物理网络上模拟出多个逻辑网络的技术。网络虚拟化通过对物理网络资源进行划分和逻辑隔离，使不同的用户或应用能够共享同一底层网络资源，同时保持彼此之间的隔离和安全性。

具体来说，网络虚拟化技术可以在现有的物理网络基础设施上创建虚拟网络，这些虚拟网络可以根据用户需求进行定制。用户可以在虚拟网络中独立地管理和使用网络资源，而无须关心底层物理网络的细节。图 7-3 展示了一种网络虚拟化解决方案。

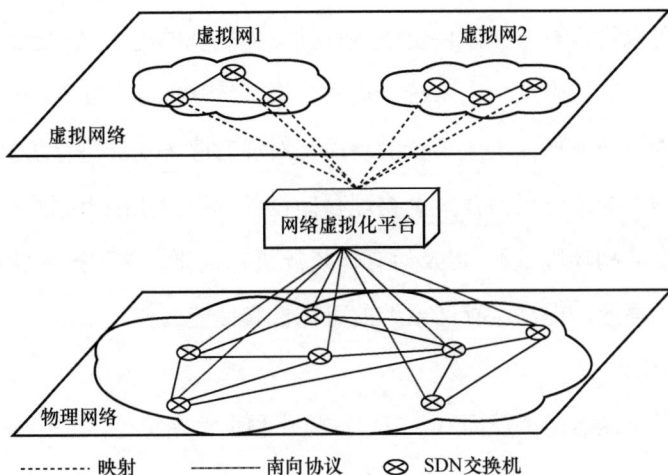

图 7-3 网络虚拟化解决方案

网络虚拟化的主要优势包括提高网络灵活性、可扩展性和管理效率，同时为用户提供更安全、更可靠的网络环境。通过网络虚拟化技术，企业可以更好地利用现有网络资源，满足不断增长的业务需求，并降低网络建设和维护成本。

此外，网络虚拟化可以实现多租户隔离和资源共享，使多个用户或应用可以在同一物理网络上独立运行，互不干扰。这种隔离和资源共享的特性使网络虚拟化技术在云计算、数据中心等领域得到广泛应用。

3. 存储虚拟化

存储虚拟化是将具体的存储设备或存储系统和服务器操作系统分隔开来，为存储用户提供统一的虚拟存储池的技术。这种虚拟化技术为用户展示了一个逻辑视图，将应用程序和用户所需要的数据存储操作和具体的存储控制分离。图 7-4 展示了一种存储虚拟化解决方案。

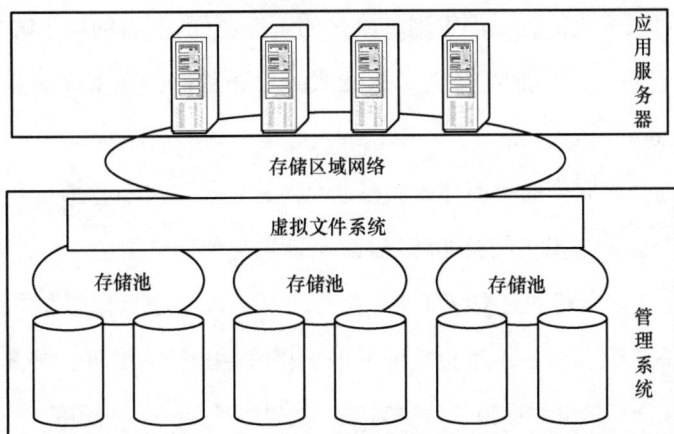

图 7-4 存储虚拟化解决方案

存储虚拟化可以看作对存储硬件资源进行抽象化表现的过程，它通过在一个或多个目标服务或功能上集成其他附加功能来统一提供全面、有用的功能服务。这种虚拟化不仅屏蔽了系统的复杂性，还增加或集成了新的功能，对现有服务功能进行仿真、整合或分解。

存储虚拟化的主要任务包括在多个物理存储设备或存储系统上创建一个抽象层，以简化管理（尤其是在异构环境中），以及对存储资源进行优化。这种技术使存储资源的管理和使用更为灵活和高效，提高了存储系统的可靠性和性能。

4. 应用虚拟化

应用虚拟化通常涵盖两个层面——应用虚拟化和桌面虚拟化，它们都是企业 IT 领域中的重要技术。

应用虚拟化是一种将应用软件与其所依赖的操作系统分离的技术。通过应用虚拟化，应用程序可以在一个独立的、压缩的可执行文件夹中运行，而不需要安装到操作系统中。这种虚拟化方式允许应用程序在不依赖于特定操作系统或硬件平台的情况下运行，从而提高了应用程序的兼容性和可移植性。由于应用程序与操作系统的解耦合，应用虚拟化还减少了应用程序对系统资源的需求，提高了安全性，降低了维护成本，并简化了数据备份和恢复的过程。

桌面虚拟化主要关注的是将用户桌面的计算逻辑和应用程序的交互逻辑分离。在桌面虚拟化中，用户通过客户端设备连接到远程的应用服务器或虚拟桌面环境。用户界面的交互（如键盘和鼠标的输入操作）通过网络传输到服务器进行处理，然后将结果返回给客户端设备显示。这种技术为用户提供了一个与物理桌面几乎一致的虚拟桌面环境，用户可以像在本地计算机上一样进行工作，而实际的计算逻辑和数据处理都在服务器上完成。桌面虚拟化可以实现快速部署、集中管理和维护，简化桌面环境的更新和升级流程，提高灵活性和安全性。

桌面虚拟化可以大大简化桌面管理和维护的工作流程。所有的应用客户端系统都被部署在数据中心的一台或多台服务器上，这些服务器通常被为虚拟桌面基础设施（virtual desktop infrastructure，VDI）服务器。用户通过瘦客户端设备或标准的个人计算机连接到这些服务器，从而获得完整的桌面体验。在这个过程中，用户不会感知到任何差异，因为他们看到的是一个完全虚拟化的桌面环境，这个环境与他们过去在本地计算机上使用的环境几乎相同。实际上，所有的计算逻辑、数据处理和应用程序执行都发生在远程的服务器上，而用户端设备主要负责显示虚拟桌面界面、接收用户输入数据并将其传输回服务器。

市场上已经存在多种桌面虚拟化解决方案，如思杰（Citrix）公司的 XenDesktop、戴尔（Dell）公司的 Wyse ThinOS、微软（Microsoft）的远程桌面服务（remote desktop services，

RDS)、微软企业桌面虚拟化及 VMware 公司的 View Manager，这些解决方案提供了丰富的功能集和灵活性，以满足不同组织的特定需求。图 7-5 展示了 View 4 桌面虚拟化应用示例。

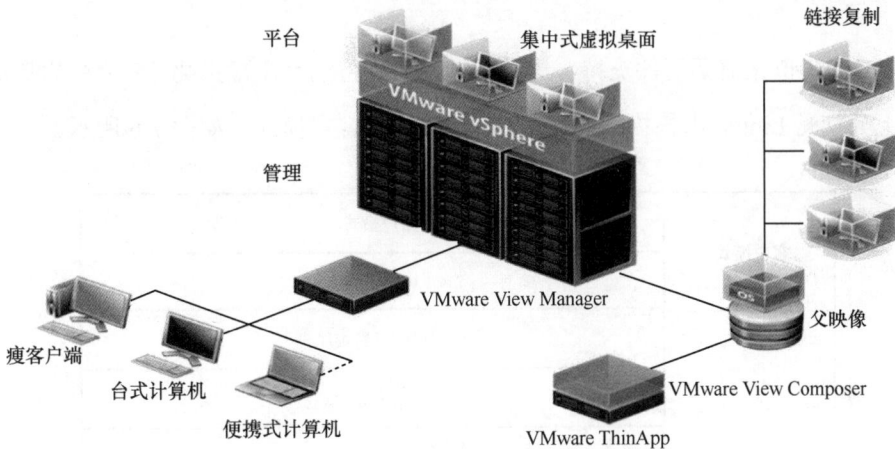

图 7-5　View 4 桌面虚拟化应用示例

7.3.3　虚拟化开源技术

1. VMware

VMware 是一家总部位于美国加利福尼亚州帕洛阿尔托的云计算和虚拟化技术公司。该公司提供虚拟化产品和解决方案，实现任意云端和设备上运行、管理、连接及保护任意应用。VMware 虚拟化产品和解决方案，通过模拟硬件环境，在单一物理服务器上运行多个虚拟机，从而实现资源的最大化利用。每个虚拟机都有自己独立的操作系统和应用程序，相互之间完全隔离，提供了强大的安全性和稳定性。

VMware 的核心原理在于其虚拟化引擎，该引擎可以在物理硬件和操作系统之间建立一个抽象层，将硬件资源转化为虚拟资源，供虚拟机使用。这种技术不仅可以提高硬件资源的利用率，降低成本，还可以简化管理，提高系统的灵活性和可扩展性。VMware 的特点包括可靠性高、安全性高、灵活性强和易于管理等。它的虚拟快照技术可以实现快速的系统恢复，确保数据的完整性；虚拟网络和安全策略可以提供强大的网络安全保障。VMware 官网提供了多个经过预先配置的操作系统和应用程序的免费虚拟盘镜像，以及对 VMware 虚拟硬盘和软盘镜像文件进行挂装、操作及转换的免费工具。

2. KVM

KVM 是一个在 Linux 内核中内置的虚拟化技术。它利用硬件虚拟化扩展（如英特尔公司的 Intel VT-x 和 AMD 公司的 AMD-V）来提供高性能的虚拟化。KVM 允许在单台物理服务器上运行多个虚拟机，每个虚拟机都有私有的硬件资源，如网卡、磁盘和图形适配卡等。

KVM 的虚拟化需要硬件支持，这是一种基于硬件的完全虚拟化。KVM 的基本架构从下到上分别是 Linux 内核模式、Linux 用户模式、客户模式，如图 7-6 所示。

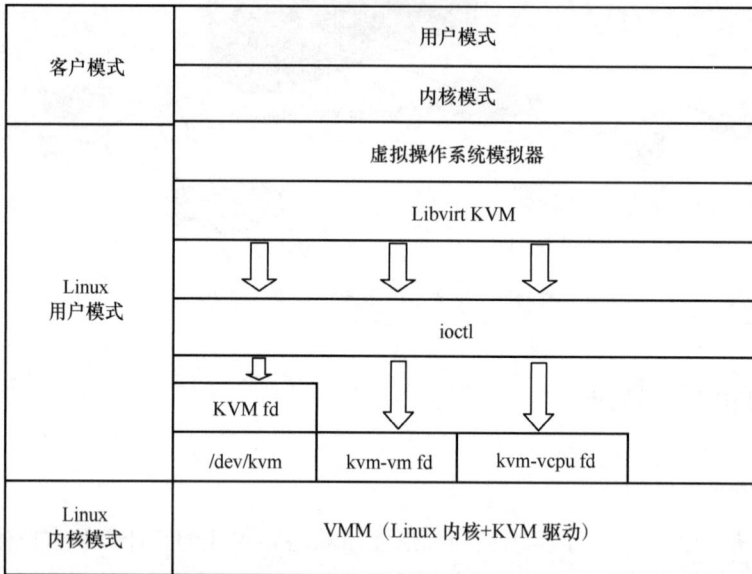

图 7-6　KVM 基本架构

3. Xen

Xen 是一个基于 x86 架构的开源虚拟化技术，由剑桥大学开发。它可以在单个计算机上安全地执行多个虚拟机，并且不需要对操作系统进行特殊修改。

Xen 虚拟机支持实时迁移功能。实时迁移允许虚拟机在运行时从一台物理主机迁移到另一台物理主机，而不需要完全中断虚拟机的服务或关闭虚拟机，这是通过共享存储和内存页面复制技术实现的。在实时迁移过程中，源主机和目标主机通过共享存储系统来交换虚拟机的内存页面。同时，虚拟机的状态信息（如 CPU 寄存器状态、内存页等）被实时传输到目标主机。这样，目标主机可以接管虚拟机并在不停止工作的情况下继续运行。为了确保虚拟机的数据一致性，在迁移过程的最后阶段，虚拟机会被暂停一小段时间（通常是 60~300 ms），以完成最后的内存页面同步化。这个过程是透明的，用户通常不会感知到明显的服务中断或时延。Xen 的基本架构如图 7-7 所示。

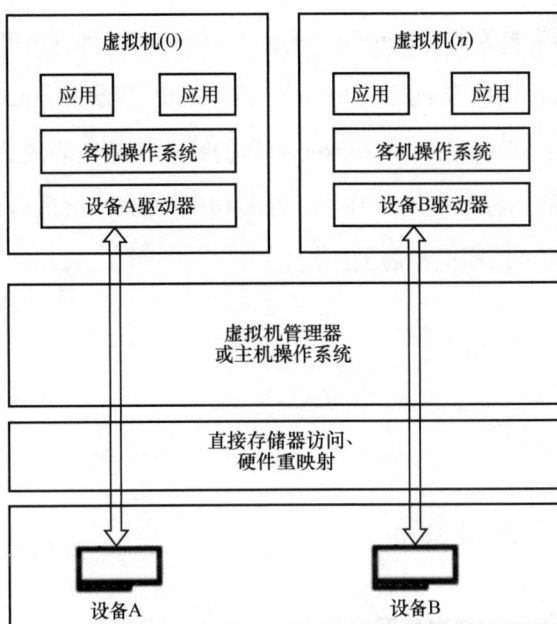

图 7-7　Xen 基本架构

实时迁移功能对提高虚拟化环境的可用性和灵活性非常有用。例如，它可以在不中断服务的情况下进行硬件维护、升级或故障转移。此外，实时迁移可以帮助实现负载均衡，根据资源需求动态调整虚拟机在物理主机之间的分布。

4．Hyper-V

Hyper-V 是微软公司的一款虚拟化产品，采用系统管理程序虚拟化技术实现桌面虚拟化。它可以在同一硬件上运行多个虚拟机，这些虚拟机在自己的隔离空间中运行，互不影响。

Hyper-V 有助于高效地使用硬件，将服务器和工作负载合并到数量少、功能强大的物理计算机上，从而使用少量的电源和物理空间。此外，它可以帮助建立或扩展私有云环境，提供更灵活的 IT 服务，改进业务连续性，并可以建立或扩展虚拟桌面基础设施，提高业务灵活性和数据安全性。

5．Docker

Docker 是一个开源的应用容器引擎，让开发者可以把他们的应用及依赖包打包到一个可移植的镜像中，然后发布到任何安装了 Linux 或 Windows 操作系统的机器上。此外，Docker 也可以实现虚拟化。容器完全使用沙箱机制，相互之间不会有任何接口。

Docker 采用客户端/服务器（client/server，C/S）模式通过远程 API 来管理和创建容器。Docker 容器通过 Docker 镜像来创建。Docker 具有 Linux 容器（Linux container，LXC）轻量级虚拟化的特点。与 KVM 相比，Docker 明显的特点就是启动快且资源占用小，因此，Docker 既适合构建隔离的标准化运行环境、轻量级的 PaaS，又适合构建自动化测试和持续集成环境，以及一切可以横向扩展的应用。

7.4 项目实验

7.4.1 安装 VMware Workstation

1. 下载 VMware Workstation 安装包

在浏览器中搜索 VMware 中文官方网站，并在网站首页中选择"产品"选项，如图 7-8 所示。

图 7-8　VMware 中文官方网站的首页

找到"桌面虚拟机管理程序"选项栏，如图 7-9 所示。这里可以看到 3 个子选项：第一个是 macOS 操作系统使用的 VMware 虚拟机软件，即 Fusion for Mac；第二个是工作站播放器，即 VMware Workstation Player（免费版）；第三个是工作站专业版，即 VMware Workstation Pro。用户可以根据实际需要选择合适的产品。这里以 VMware Workstation Pro 为例，演示安装过程。

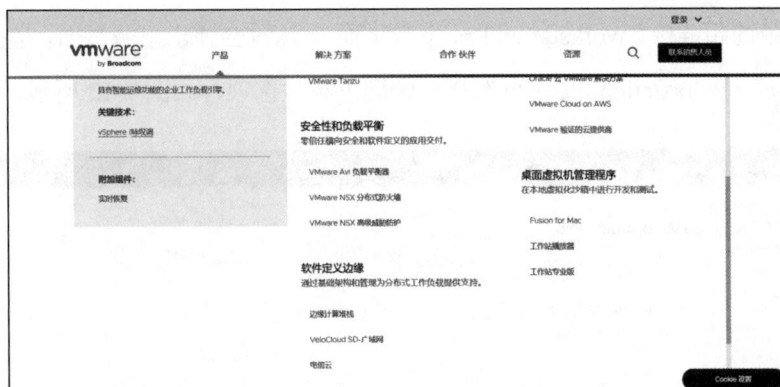

图 7-9　桌面虚拟机管理程序选项

在图 7-9 所示界面选择"工作站专业版"选项，进入图 7-10 所示界面。

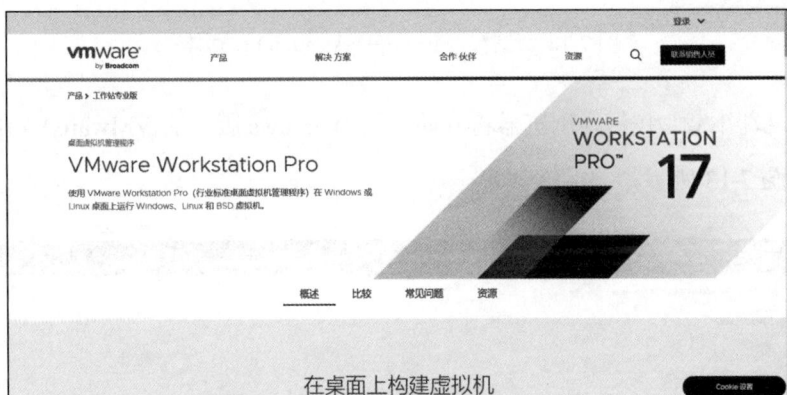

图 7-10　VMware Workstation Pro 界面

在"常见问题"选项卡中下滑找到"下载和试用"栏目中的"您可以从 Workstation Pro 下载页面下载 VMware Workstation Pro 软件。"，如图 7-11 所示。

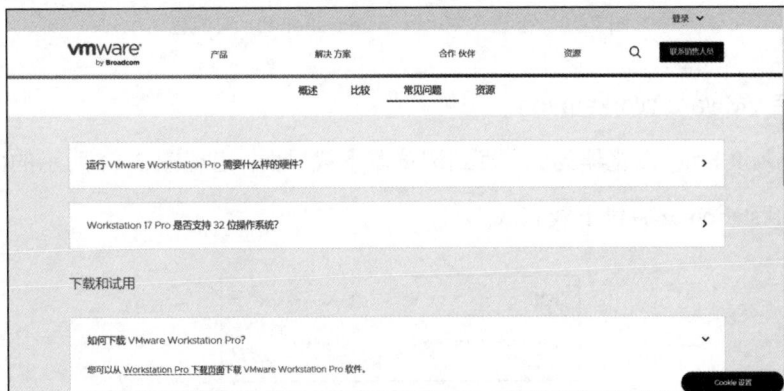

图 7-11　"常见问题"选项卡

单击其中的超链接"Workstation Pro 下载页面"，这时会弹出下载页面，选择 Windows
版本的 VMware Workstation Pro，再选择"转到下载"选项，如图 7-12 所示。

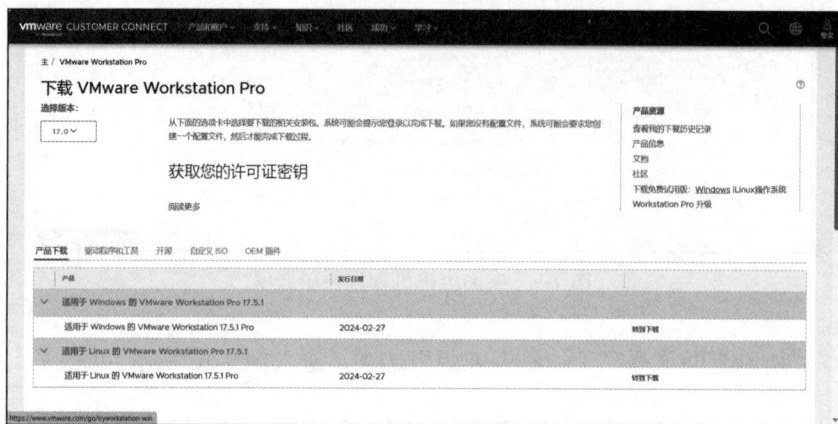

图 7-12   选择 VMware Workstation Pro 版本

单击"立即下载"按钮，浏览器将开始下载 Windows 版本的 VMware Workstation Pro
安装包，如图 7-13 所示。

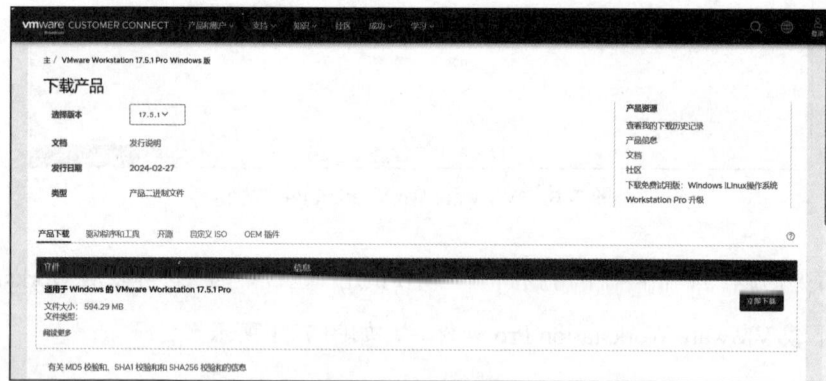

图 7-13   下载 VMware Workstation Pro 安装包

2. 安装 VMware Workstation

以 Microsoft Edge 浏览器为例，找到浏览器下载界面，出现图 7-14 所示的内容则表示
VMware Workstation 安装包下载完成。

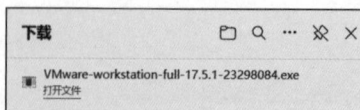

图 7-14   下载完成提示内容

双击安装程序开始安装，如图 7-15 所示。

图 7-15 双击安装程序

授权管理员权限后，根据 VMware Workstation Pro 安装向导指引安装，单击"下一步"按钮，如图 7-16 所示。

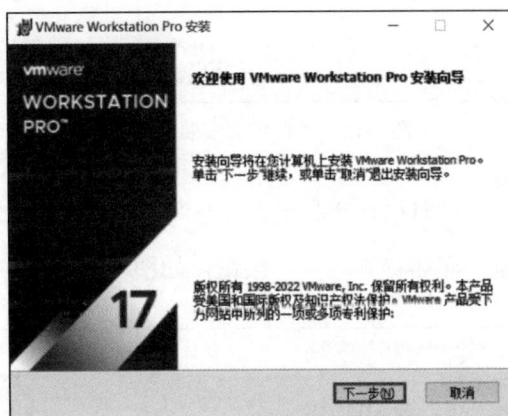

图 7-16 安装向导界面

勾选"我接受许可协议中的条款"，并单击"下一步"按钮，如图 7-17 所示。

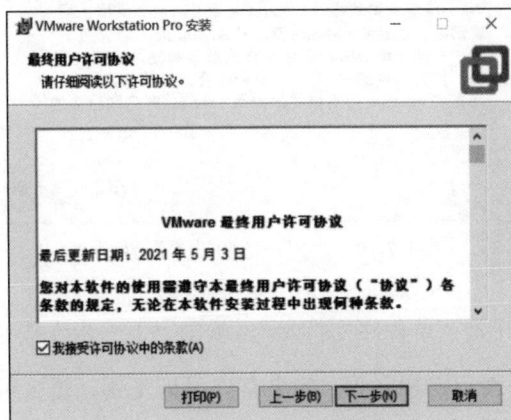

图 7-17 "最终用户许可协议"界面

修改 VMware 安装路径，这里建议不要选择默认路径，而是选择 C 盘以外的盘。勾选"将 VMware Workstation 控制台工具添加到系统 PATH"选项，并单击"下一步"按钮，如图 7-18 所示。

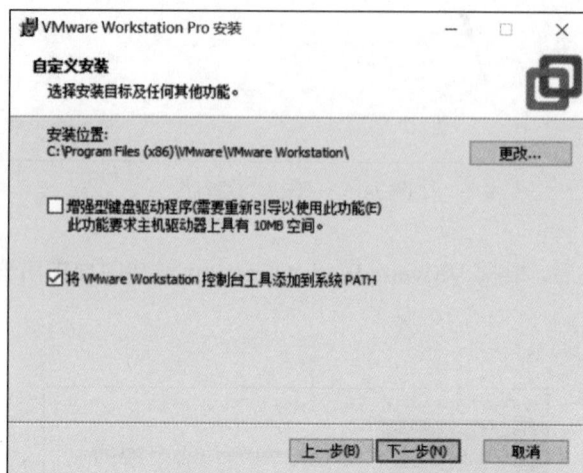

图 7-18　"自定义安装"界面

可根据个人需求对"启动时检查产品更新"与"加入 VMware 客户体验提升计划"进行选择，这里建议不勾选，单击"下一步"按钮，如图 7-19 所示。

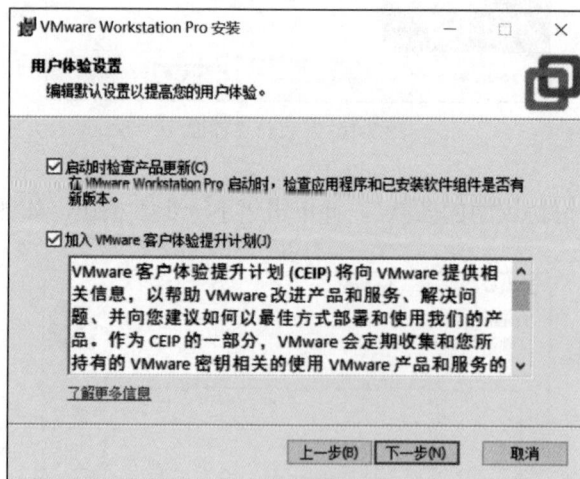

图 7-19　"用户体验设置"界面

勾选"桌面"与"开始菜单程序文件夹"，单击"下一步"按钮，如图 7-20 所示。若出现图 7-21 所示界面则表示安装完成。如果有许可证密钥，那么可以单击"许可证"，填入相关信息；如果没有，那么单击"完成"按钮即可。

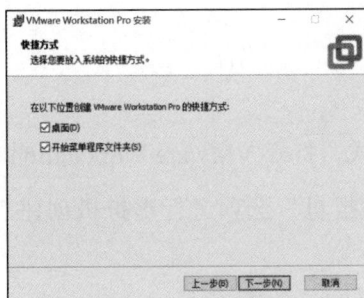

图 7-20 "快捷方式"界面

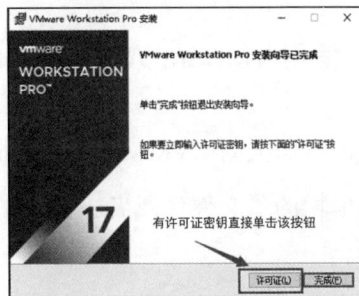

图 7-21 安装完成界面

7.4.2 下载 CentOS 镜像

进入阿里云官方镜像网站在"文档与社区"标签页找到"工具与资源"板块，选择其中的"镜像站"选项。在镜像站界面选择"OS 镜像"选项，这时会出现图 7-22 所示对话框。

图 7-22 OS 镜像下载

在图 7-22 所示对话框中，发行版选择"centos"，版本选择"7(x86_64-DVD-2009)"，下载地址会自动填入，单击"下载"按钮即可，如图 7-23 所示。

图 7-23 选择 OS 镜像版本

7.4.3 使用 VMware Workstation 部署虚拟机

双击桌面上的"VMware Workstation"快捷方式，打开 VMware Workstation 软件，选择菜单栏的"文件"或者主页中的"创建新的虚拟机"选项进行虚拟机创建，如图 7-24 所示。

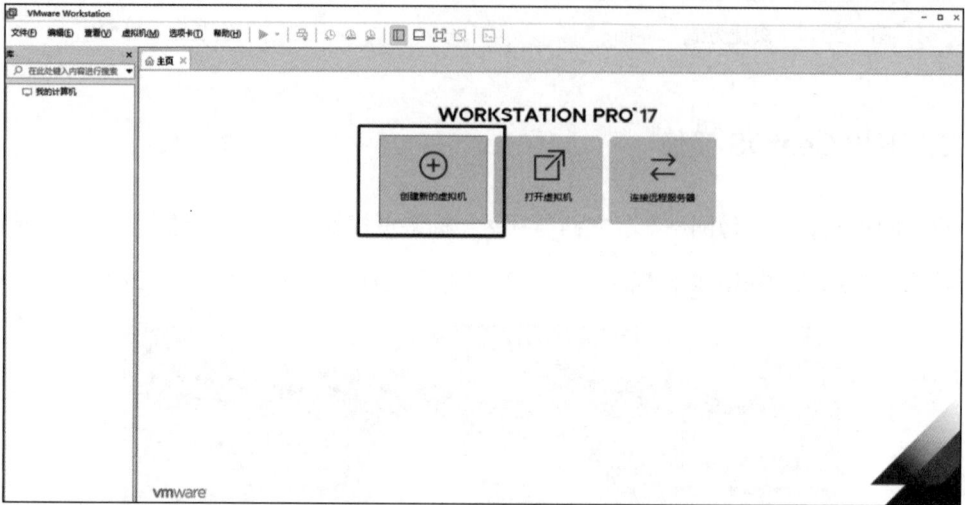

图 7-24　创建虚拟机

在欢迎界面中选择"自定义(高级)"选项，并单击"下一步"按钮，如图 7-25 所示。

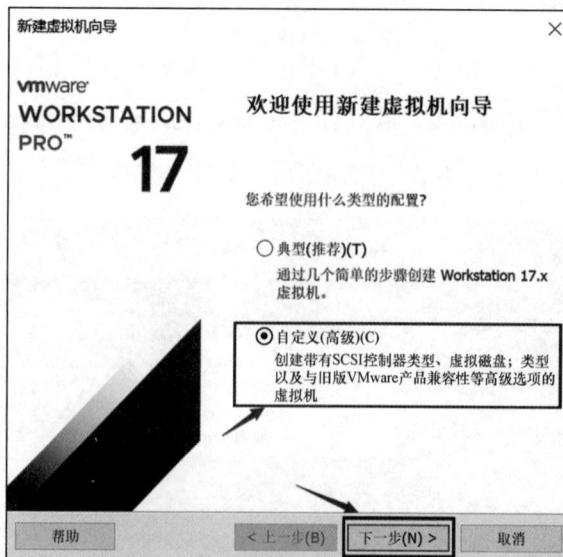

图 7-25　欢迎界面

在"选择虚拟机硬件兼容性"界面单击"下一步"按钮即可，如图 7-26 所示。

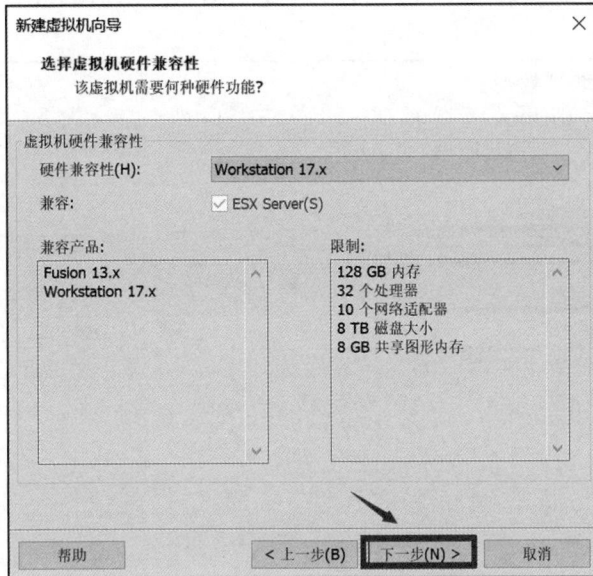

图 7-26　"选择虚拟机硬件兼容性"界面

在图 7-27 所示界面，客户机操作系统选择"Linux"，版本根据计算机实际配置进行选择。如果计算机是 32 位的，那么这里选择"CentOS 7 32 位"；如果计算机是 64 位的，那么这里选择"CentOS 7 64 位，之后单击"下一步"按钮。

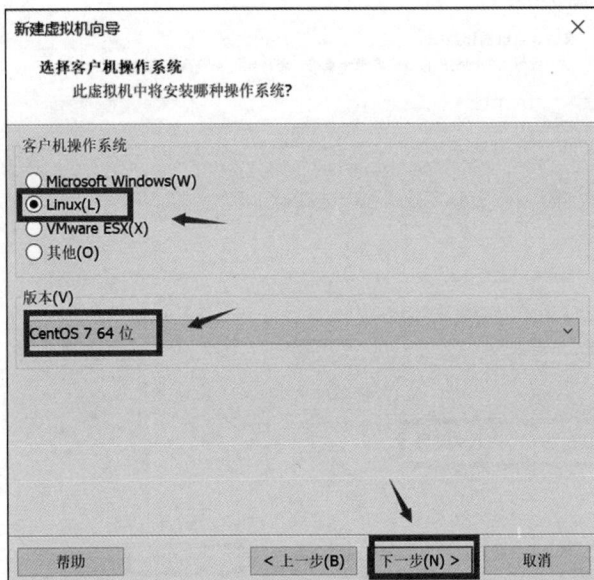

图 7-27　"选择客户机操作系统"界面

在图 7-28 所示界面设置虚拟机名称及安装位置。因为 C 盘是系统盘，所以安装位置最好不选 C 盘，以免造成本机开机缓慢，影响运行效果。之后单击"下一步"按钮。

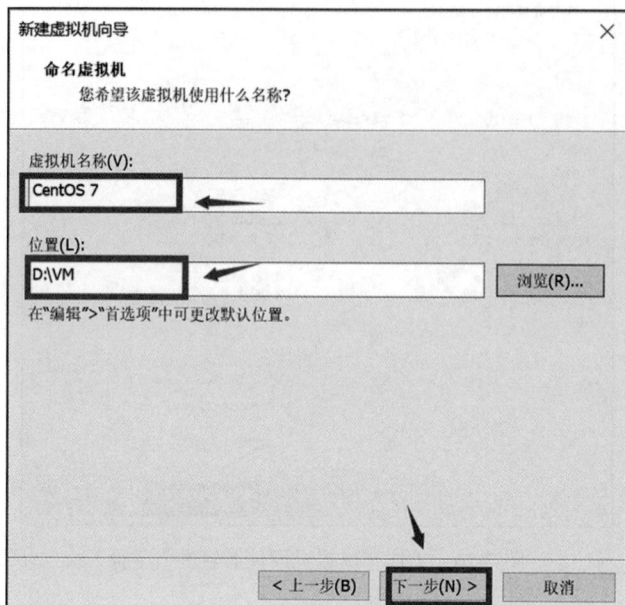

图 7-28　"命名虚拟机"界面

在图 7-29 所示界面选择"稍后安装操作系统"，单击"下一步"按钮。

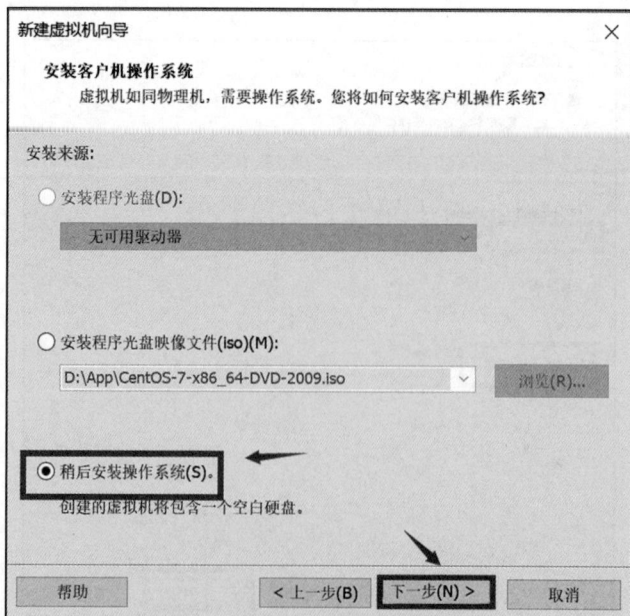

图 7-29　"安装客户机操作系统"界面

在图 7-30 所示界面，处理器数量选择"1"，每个处理器的内核数量选择"2"，单击"下一步"按钮。

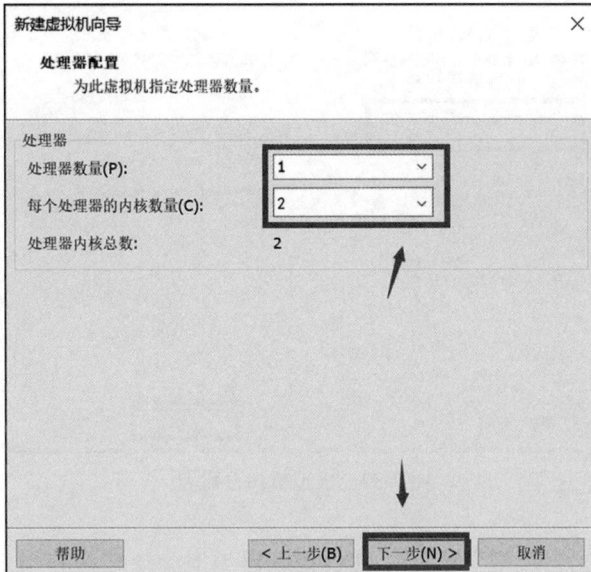

图 7-30 "处理器配置"界面

在图 7-31 所示界面，此虚拟机的内存选择"2048 MB"，单击"下一步"按钮。

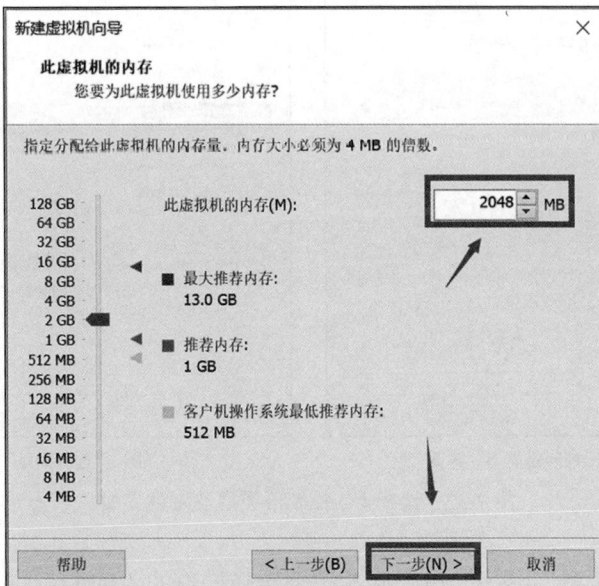

图 7-31 "此虚拟机的内存"界面

在图 7-32 所示界面，网络连接选择"使用网络地址转换(NAT)"，单击"下一步"按钮。

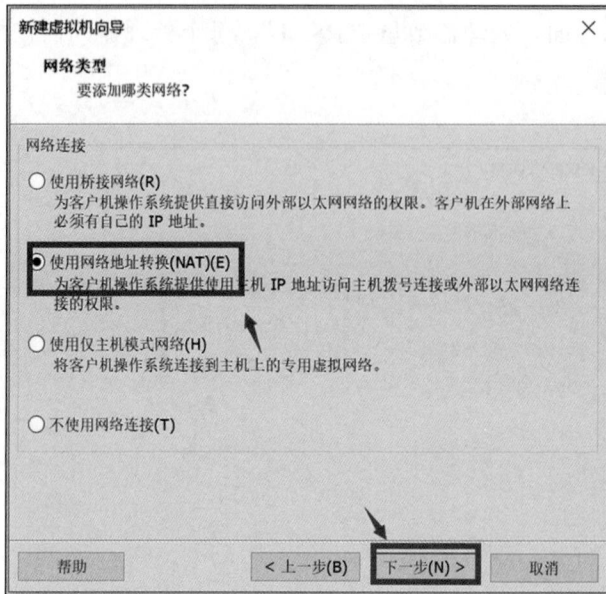

图 7-32　虚拟机内存设置

在"选择 I/O 控制器类型"界面中，I/O 控制器类型选择推荐的"LSI Logic"，单击"下一步"按钮。在"选择磁盘"界面中，磁盘选择"创建新虚拟磁盘"，单击"下一步"按钮。上述两个界面如图 7-33 所示。

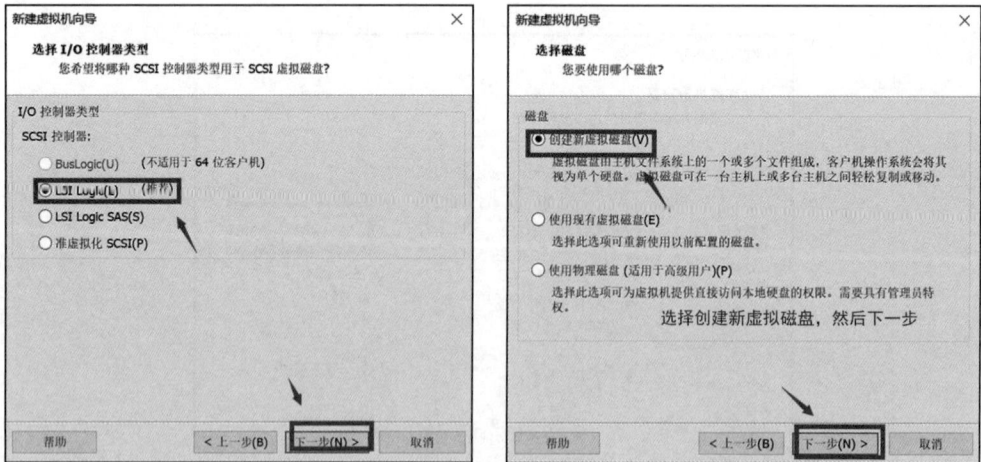

（a）"选择 I/O 控制器类型"界面　　　　（b）"选择磁盘"界面

图 7-33　选择 I/O 控制器类型及磁盘界面

在"选择磁盘类型"界面，虚拟磁盘类型选择推荐的"SCSI"，单击"下一步"。在"指定磁盘容量"界面，最大磁盘大小设置为"20"，勾选"将虚拟磁盘拆分成多个文件"复选框，单击"下一步"按钮。上述两个界面如图 7-34 所示。

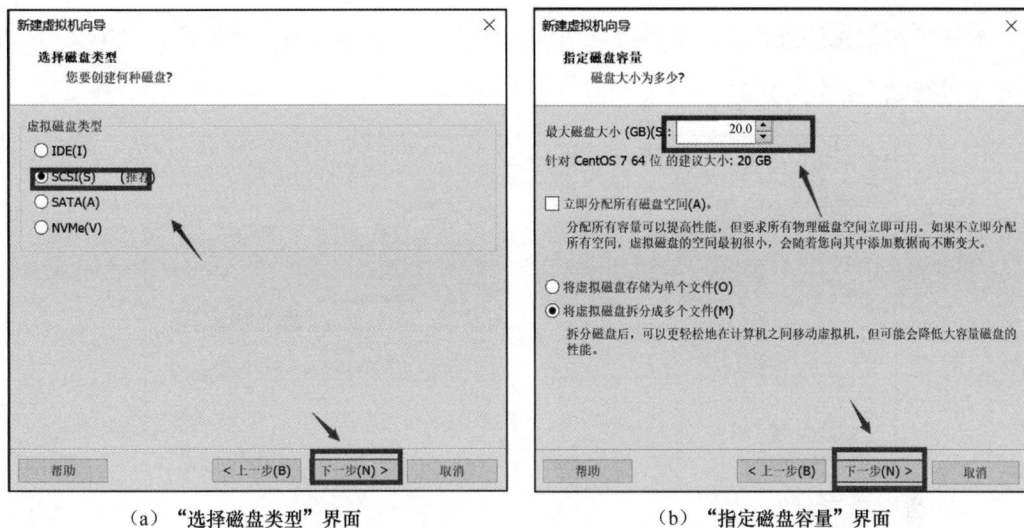

（a）"选择磁盘类型"界面　　　　　　　（b）"指定磁盘容量"界面

图 7-34　设置磁盘界面

　　根据之前设定的虚拟机名称，这里会自动生成名为"CentOS 7.vmdk"的虚拟机，因此在"指定磁盘文件"界面直接单击"下一步"按钮即可。此时已经完成虚拟机的创建，在"已准备好创建虚拟机"界面直接单击"完成"按钮即可。上述两个界面如图 7-35 所示。

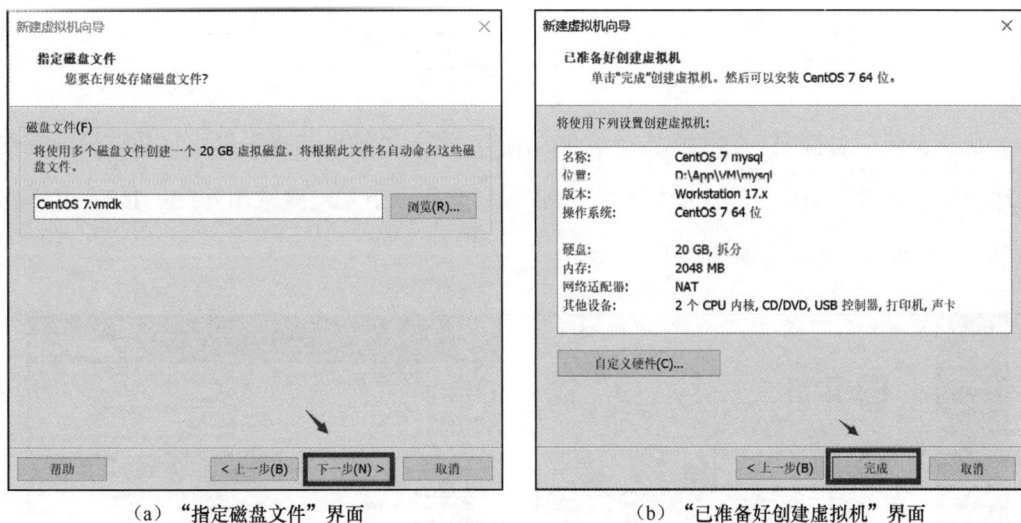

（a）"指定磁盘文件"界面　　　　　　　（b）"已准备好创建虚拟机"界面

图 7-35　指定磁盘文件和创建虚拟机界面

　　完成如上设置后，双击"CD/DVD"，进入虚拟机设置。勾选"使用 ISO 映像文件"复选框，单击"浏览"按钮，在弹出的提示框中关联之前 CentOS 7 镜像的路径，并单击"确定"按钮，如图 7-36 所示。

启动刚刚配置的虚拟机，等待一段时间后进入语言选择界面，这里选择"中文"，之后单击"继续"按钮。

图 7-36　虚拟机设置

在"安装信息摘要"界面单击"软件选择"，进入"软件选择"界面。在该界面左侧勾选"最小安装"，在右侧勾选"开发工具"（它会帮你下载一些常用开发工具），并单击"完成"按钮。上述界面如图 7-37 所示。

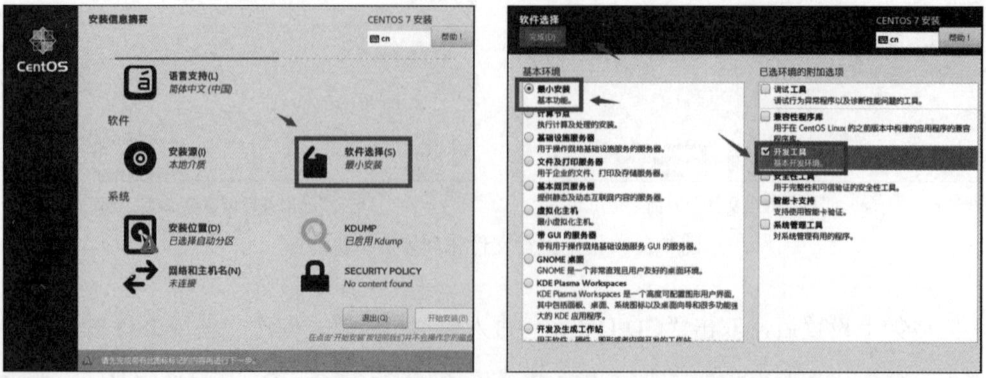

（a）"安装信息摘要"界面　　　　　　　　　（b）"软件选择"界面

图 7-37　软件选择设置

在"安装信息摘要"界面单击"安装位置",进入"安装目标位置"界面。在该界面上勾选"自动配置分区"复选框,单击"完成"按钮。上述界面如图 7-38 所示。

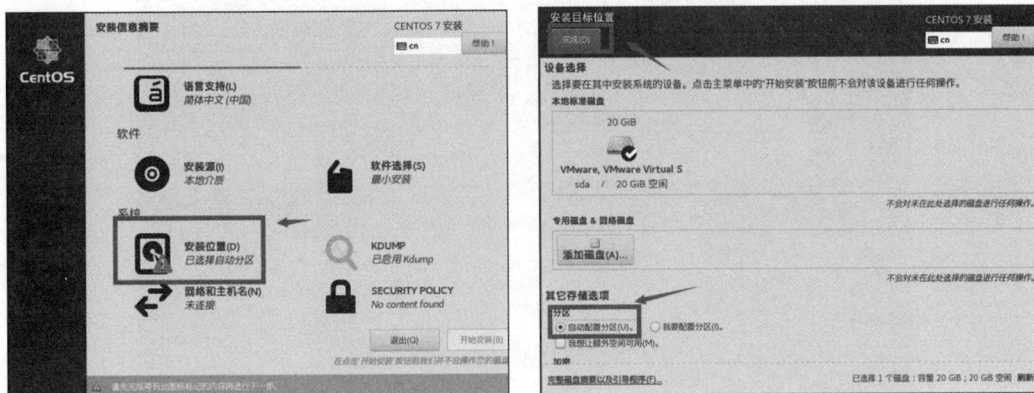

(a)　"安装信息摘要"界面　　　　　　　　　(b)　"安装目标位置"界面

图 7-38　设置安装位置界面

同样地,在"安装信息摘要"界面单击"网络和主机名"选项,在相关界面上设置好以太网后回到该界面,单击"开始安装"按钮。

在图 7-39 所示"配置"界面单击"ROOT 密码",设置 root 账户的密码,这里也可根据实际需要进行普通用户的创建。root 账户具有 CentOS 7 的最大使用权限。设置完毕后单击"完成"按钮,随后系统会重启。这里按照要求输入 root 账户及密码,进入图 7-40 所示主界面。

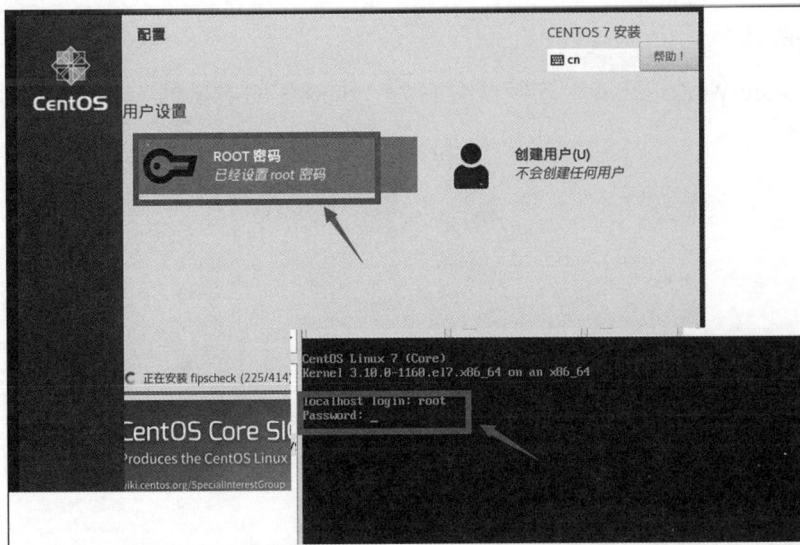

图 7-39　设置 root 密码并登录

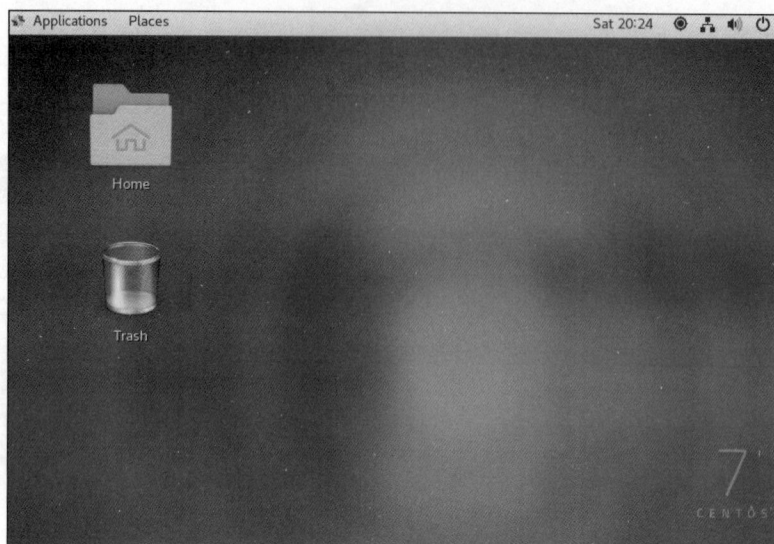

图 7-40　CentOS 7 桌面版系统主界面

至此，CentOS 7 系统已经安装并配置完毕。

7.5　习题

一、问答题

1．虚拟化技术与云计算的关系是什么？

2．如何理解服务器虚拟化？

二、实践题

在 VMware Workstation 上安装一台名为"rhel8"的虚拟机。

项目八 Docker 容器技术

8.1 项目要求

Docker 是一个开源的容器平台，提供了丰富的工具和 API，使开发人员能够轻松地构建、部署和运行容器。Docker 不仅简化了容器的创建和管理过程，而且提供了版本控制、自动化部署等功能，极大地提高了开发效率和应用程序的可靠性。本项目将通过实际案例使读者掌握 Docker 的安装方法，以及基本操作和常用命令。

8.2 学习目标

☑ **技能目标**

（1）掌握 Docker 的安装方法

（2）掌握 Docker 基本命令的使用方法

☑ **思政目标**

（1）通过容器轻量化、快速部署的特性（如 2048 镜像），引导学生探索容器技术对产业变革的推动作用。

（2）在镜像拉取（Docker Hub）环节强调遵守开源协议，树立合规使用软件意识。

（3）结合容器隔离性特点，讨论技术应用于公共服务（如医疗云平台）的社会价值。

☑ **素养目标**

（1）掌握 Docker 镜像"构建—运行—管理"全流程操作，支撑快速迭代的开发需求。

（2）通过容器化应用部署，理解解耦、高内聚的微服务设计思想。

8.3 相关知识

8.3.1 Docker 概述

Docker 包括镜像、容器和仓库 3 个基本概念。

镜像：Docker 镜像相当于一个 root 文件系统。例如，官方镜像 Ubuntu 16.04 包含完整的一套 Ubuntu 16.04 最小系统的 root 文件系统。

容器：容器可以被创建、启动、停止、删除和暂停等。镜像和容器的关系就像面向对象程序设计中的类和实例一样，镜像是静态的定义，容器是镜像运行时的实体。

仓库：仓库可看成一个代码控制中心，用来保存镜像。

Docker 使用 C/S 模式，通过远程 API 来管理和创建容器。Docker 镜像是 Docker 容器的基础，它可以理解为包含应用程序及其依赖环境的可执行程序包。而容器是由镜像创建并运行起来的独立进程，封装了应用程序及其所需的一切资源。

8.3.2 Linux 相关命令

1. sudo

sudo 命令以系统管理者的身份执行指令，也就是说，经由 sudo 所执行的指令就像 root 账户亲自执行一样。sudo 命令的参数说明如下。

- -V：显示版本编号。
- -h：显示版本编号及指令的使用方式说明。
- -l：显示自己（执行 sudo 的使用者）的权限。
- -v：由于 sudo 在第一次执行或者在 N min 内没有执行（N 预设为 5）时会被询问密码，这个参数是确认重新执行一次。
- -k：强迫使用者在下一次中执行 sudo 时询问密码（无论有没有超过 N min）。
- -b：将要执行的指令放在后台执行。
- -p prompt：可以更改询问密码的提示语，其中%u 会替换为使用者的账户名称，%h 会显示主机名称。

- -u username/#uid：不加此参数表示要以 root 的身份执行指令，加了此参数表示可以以 username 的身份执行指令（#uid 为该 username 的使用者号码）。

- -s：执行环境变数中的 SHELL 所指定的 shell，或者/etc/passwd 中所指定的 shell。

- -H：将环境变数中的 HOME（家目录）指定为要变更身份的使用者的家目录（如果不加-u 参数，那么就是系统管理者 root）。

2．apt-get

apt-get [OPTIONS] [COMMAND] [PACKAGE …]各部分的含义如下。

- OPTIONS：可选，选项包括-h（帮助）、-y（当安装过程提示选择时全部为"yes"）、-q（不显示安装的过程）等。

- COMMAND：要进行的操作。

- PACKAGE：安装的包名。

常用命令如下。

- sudo apt-get update：列出所有可更新的软件清单。

- sudo apt-get upgrade：升级软件包。

- apt-get list－upgradeable：列出可更新的软件包及版本信息。

- sudo apt-get full-upgrade：升级软件包，升级前先删除需要更新的软件包。

- sudo apt-get install <package_name>：安装指定的软件命令。

- sudo apt-get install <package_1> <package_2> <package_3>：安装多个软件包。

- sudo apt-get update <package_name>：更新指定的软件命令。

- sudo apt-get show <package_name>：显示软件包具体信息，如版本号、安装大小、依赖关系等。

- sudo apt-get remove <package_name>：删除软件包命令。

- sudo apt-get autoremove：清理不再使用的依赖和库文件。

- sudo apt-get purge <package_name>：移除软件包及配置文件。

- sudo apt-get search <keyword>：查找软件包命令。

- apt-get list --installed：列出所有已安装的包。

- apt-get list --all-versions：列出所有已安装包的版本信息。

3．Vim

Vim 是从 Vi 发展出来的一个文本编辑器。代码补全、编译及错误跳转等方便编程的功能特别丰富，使其被程序员广泛使用。Vim 主要有 3 种模式：命令模式、输入模式和命令行模式。

（1）命令模式

用户启动 Vim 后会进入命令模式。此模式下敲击键盘的动作会被 Vim 识别为命令，而非输入字符。比如此时按下 i 键，并不会输入一个字符 i，而是被当作一个命令。

以下是命令模式常用的命令。

- i：切换到输入模式，在光标当前位置开始输入文本。
- x：删除当前光标所在处的字符。
- :：切换到命令行模式，并在最底一行输入命令。
- a：进入输入模式，在光标下一个位置开始输入文本。
- o：在当前行的下方插入一个新行，并进入输入模式。
- O：在当前行的上方插入一个新行，并进入输入模式。
- dd：剪切当前行。
- yy：复制当前行。
- p：粘贴剪贴板内容到光标下方。
- P：粘贴剪贴板内容到光标上方。
- u：撤销上一步操作。
- Ctrl + r：重做上一次撤销的操作。

若想要编辑文本，则在命令模式下按 i 键，切换到输入模式即可。命令模式只有一些最基本的命令，因此仍要依靠命令行模式输入更多的命令。

（2）输入模式

输入模式中可以使用以下按键。

字符按键及 Shift 键的组合：输入字符。

- Enter：回车键，实现换行。
- Backspace：退格键，删除光标前一个字符。
- Delete：删除键，删除光标后一个字符。
- 方向键：在文本中移动光标。
- Home 或 End：移动光标到行首或行尾。
- Page Up 或 Page Down：向上或向下翻页。

- Insert：切换光标为输入或替换模式，光标将变成竖线或下划线。

- Esc：退出输入模式，切换到命令模式。

（3）命令行模式

在命令模式下按下":"（英文冒号）键就会进入命令行模式。命令行模式可以输入有单个或多个字符的命令，可用的命令非常多。

命令行模式中的基本命令如下。

- :w：保存文件。

- :q：退出 Vim 编辑器。

- :wq：保存文件并退出 Vim 编辑器。

- :q!：强制退出 Vim 编辑器，不保存修改。

- Esc：随时退出命令行模式。

8.3.3 Docker 相关命令

下面展示一些 Docker 相关命令。

- docker start：启动 Docker。

- docker stop：关闭 Docker。

- docker restart：重启 Docker。

- docker status：查看 Docker 运行状态。

- docker version 或 docker info：查看 Docker 版本信息。

- docker --help：Docker 帮助。

从 Docker Hub（官网）查找（搜索）镜像的语法为 docker search [OPTIONS] TERM，其中，OPTIONS 参数具体如下。

- --automated：只列出 automated build 类型的镜像。

- --no-trunc：显示完整的镜像 DESCRIPTION（描述），不省略内容。

- -f<过滤条件>：列出收藏数（点赞）不小于指定值的镜像。

- --limit 5：列出前 5 个镜像。

例 8-1：搜索 Java 相关镜像，列出前 5 个镜像，命令如下。

```
docker search –limit 5 java
```

运行效果如图 8-1 所示。

```
ubuntu@0c4eceb6e785:~$ docker search --limit 5 java
NAME              DESCRIPTION                                      STARS     OFFICIAL   AUTOMATED
UTOMATED
node              Node.js is a JavaScript-based platform for s…   13389     [OK]
tomcat            Apache Tomcat is an open source implementati…   3657      [OK]
ghost             Ghost is a free and open source blogging pla…   1703      [OK]
couchdb           CouchDB is a database that uses JSON for doc…   561       [OK]
amazoncorretto    Corretto is a no-cost, production-ready dist…   384       [OK]
```

图 8-1　Java 相关镜像搜索结果（列出前 5 个）

如果想要使用刚刚搜索得到的 Java 镜像，使用如下命令进行下载。

```
docker pull tomcat
```

Docker 运行镜像的命令如下。

```
docker run [OPTIONS] IMAGE [COMMAND] [ARG...]
```

OPTIONS 参数具体如下。

- -a stdin：指定标准输入输出内容类型，可选 STDIN、STDOUT、STDERR 这 3 种。
- -d：以后台模式运行容器，并返回容器 ID。
- -i：以交互模式运行容器，通常与-t 搭配使用。
- -P：随机端口映射，容器内部端口随机映射到主机的端口。
- -p：指定端口映射，格式为主机（宿主）端口：容器端口。
- -t：为容器重新分配一个伪输入终端，通常与-i 同时使用。
- --name= "nginx-lb"：为容器指定一个名称。
- --dns 8.8.8.8：指定容器使用的 DNS 服务器，默认和宿主一致。
- --dns-search example.com：指定容器 DNS 搜索域名，默认和宿主一致。
- -h "mars"：指定容器的 hostname。
- -e username="ritchie"：设置环境变量。
- --env-file=[]：从指定文件读入环境变量。
- --cpuset="0-2"或--cpuset="0,1,2"：绑定容器到指定 CPU 运行。
- -m：设置容器使用内存最大值。
- --net="bridge"：指定容器的网络连接类型，支持 bridge、host、none、container 这 4 种类型。
- --link=[]：添加链接到另一个容器。
- --expose=[]：开放一个端口或一组端口。
- --volume 或-v：绑定一个卷。

如果忘记了 run 命令如何使用，也不知道可以使用哪些参数，那么可以使用帮助命令：

```
docker run –help
```

　　例 **8-2**：使用 Docker 镜像 nginx:latest 以后台模式启动一个容器，并将容器命名为"mynginx"，命令如下。

```
docker run --name mynginx -d nginx:latest
```

　　使用镜像 nginx:latest 以后台模式启动一个容器，并将容器的 80 端口映射到主机的随机端口，命令如下。

```
docker run -P -d nginx:latest
```

　　使用镜像 nginx:latest 以后台模式启动一个容器，将容器的 80 端口映射到主机的 80 端口，主机的目录/data 映射到容器的/data，命令如下。

```
docker run -p 80:80 -v /data:/data -d nginx:latest
```

　　绑定容器的 8080 端口，并将其映射到本地主机 127.0.0.1 的 80 端口上，命令如下。

```
docker run -p 127.0.0.1:80:8080/tcp ubuntu bash
```

　　使用镜像 nginx:latest 以交互模式启动一个容器，并在容器内执行/bin/bash 命令，命令如下。

```
docker run -it nginx:latest /bin/bash
```

8.4　项目实验

8.4.1　安装 Docker

　　安装 Docker 的步骤如下。

　　步骤 1：打开一个终端，首先更新 apt 软件包数据库，命令如下。

```
sudo apt-get update
```

　　运行效果如图 8-2 所示。

　　然后安装相关依赖包，以允许 apt 通过 HTTPS 使用存储库，命令如下。

```
sudo apt-get -y install apt-transport-https ca-certificates curl
software-properties-common
```

　　运行效果如图 8-3 所示。

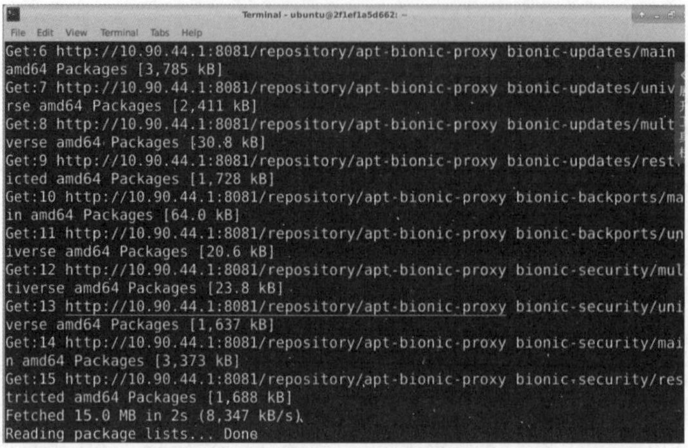

图 8-2　更新 apt 软件包数据库

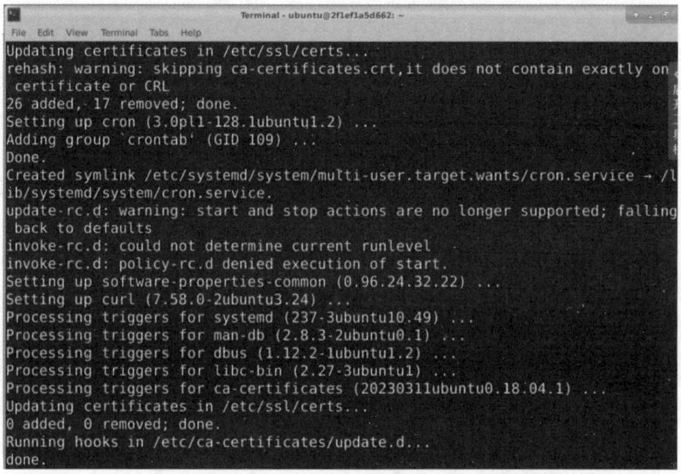

图 8-3　安装依赖包

步骤 2：这里添加阿里云提供的镜像源以便于加快安装速度，此时需要先添加相应的密钥，命令如下。

```
curl -fsSL http://m***s.aliyun.com/docker-ce/linux/ubuntu/gpg | sudo apt-key add -
```

运行效果如图 8-4 所示。

图 8-4　添加密钥

然后添加相应源的信息，命令如下。

```
sudo add-apt-repository ''deb [arch=amd64] http://m***s.aliyun.com/docker-ce/
linux/ubuntu $(lsb_release -cs) stable''
```

运行效果如图 8-5 所示。

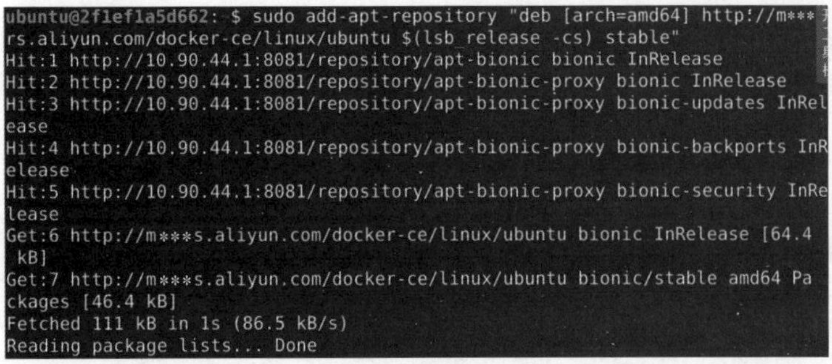

图 8-5　添加源

步骤 3：安装 Docker CE，命令如下。

```
sudo apt-get install docker-ce
```

运行效果如图 8-6 所示。

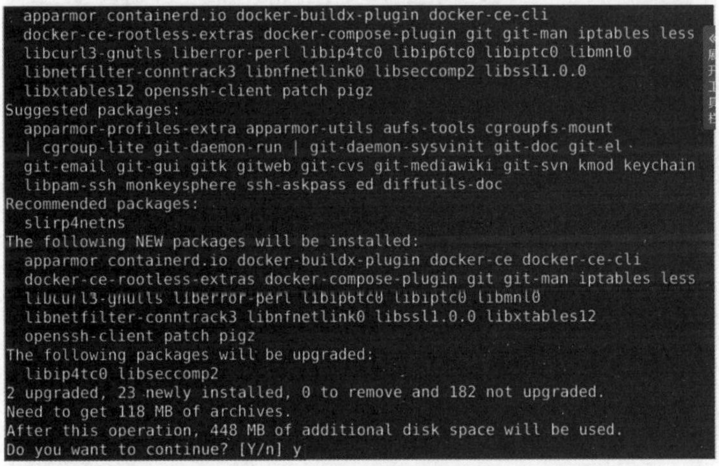

图 8-6　安装 Docker CE

键入 y 后按下回车键，选择继续安装。运行效果如图 8-7 所示。

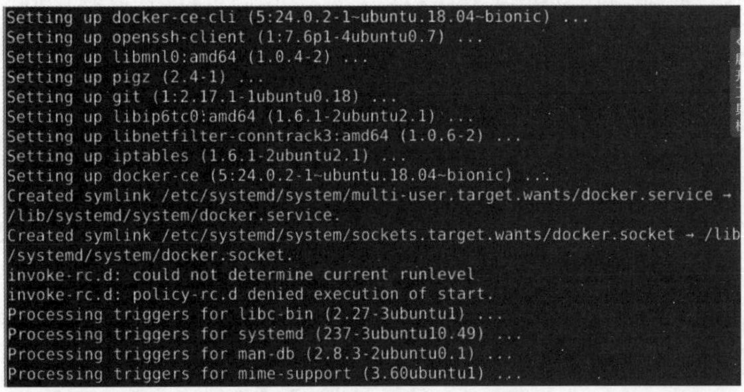

图 8-7　继续安装 Docker CE

步骤 4：安装完成后，首先启动 Docker 服务，命令如下。

```
sudo service docker start
```

运行效果如图 8-8 所示。

```
ubuntu@2f1ef1a5d662:~$ sudo service docker start
 * Starting Docker: docker                                      [ OK ]
```

图 8-8　启动 Docker 服务

然后使用以下命令查看 Docker 的版本信息，命令如下。

```
sudo docker version
```

运行效果如图 8-9 所示。

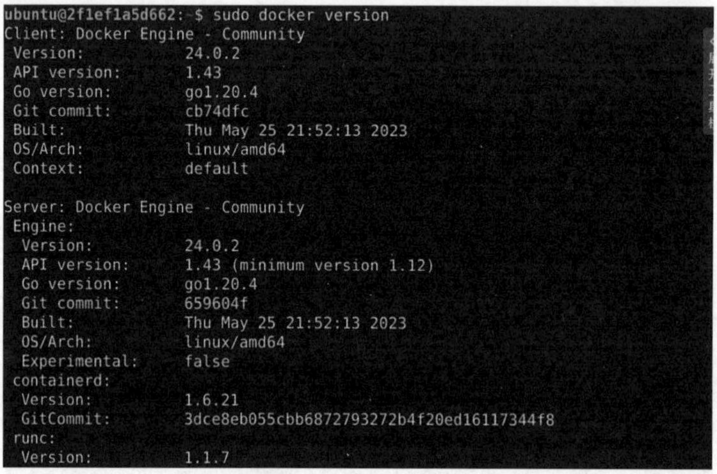

```
ubuntu@2f1ef1a5d662:~$ sudo docker version
Client: Docker Engine - Community
 Version:           24.0.2
 API version:       1.43
 Go version:        go1.20.4
 Git commit:        cb74dfc
 Built:             Thu May 25 21:52:13 2023
 OS/Arch:           linux/amd64
 Context:           default

Server: Docker Engine - Community
 Engine:
  Version:          24.0.2
  API version:      1.43 (minimum version 1.12)
  Go version:       go1.20.4
  Git commit:       659604f
  Built:            Thu May 25 21:52:13 2023
  OS/Arch:          linux/amd64
  Experimental:     false
 containerd:
  Version:          1.6.21
  GitCommit:        3dce8eb055cbb6872793272b4f20ed16117344f8
 runc:
  Version:          1.1.7
```

图 8-9　Docker 的版本信息

步骤 5：默认情况下，Docker 相关命令归属于 root 用户。对于其他用户，若想要执行 docker 命令，则需要使用 sudo 来访问。如果要让 Ubuntu 用户可以直接执行 docker 命令，而不必在每次执行时都输入 sudo 来获得权限，那么我们可以将要执行 docker 命令的用户添加到 Docker 用户组中。Docker 用户组会在安装后自动创建，我们只需要执行添加用户到 Docker 用户组的操作，具体命令如下。

```
sudo gpasswd -a ubuntu docker
```

添加成功后，我们只有重新打开终端，以上的修改才能生效，这时可以尝试使用以下命令。

```
sudo su ubuntu
```

步骤 6：在拉取镜像源时，系统默认会从国外网站拉取镜像，因此我们需要将镜像源换成国内镜像源，国内提供镜像源的有阿里云。

编辑 Docker 的配置文件，命令如下。

```
sudo vim /etc/docker/daemon.json
```

按下 i 键进入输入模式，插入以下内容。

```
{
''registry-mirrors'': [''https://n6syp70m.m***r.aliyuncs.com'']
}
```

修改完成后重启 Docker 服务，使以上修改生效，命令如下。

```
sudo service docker restart
```

运行效果如图 8-10 所示。

图 8-10　重启 Docker 服务

8.4.2　运行 hello-word 镜像

启动 Docker 服务后在仓库中搜索可用的 hello-world 镜像。此时需要注意的是，下载时选择 OFFICIAL（官方）列中为[OK]的镜像，这样才可保障正常运行，命令如下。

```
docker search hello-world
```

运行效果如图 8-11 所示。

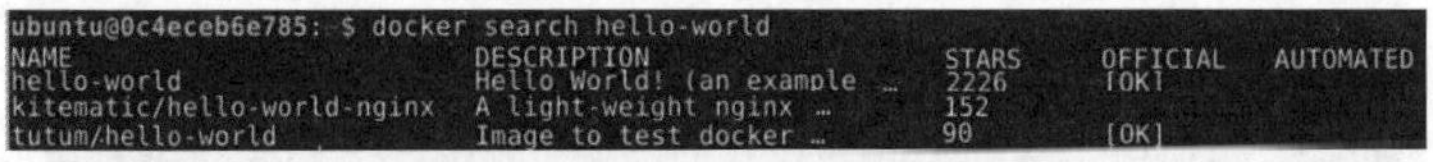

图 8-11　搜索的 hello-world 镜像

下载 hello-world 镜像，命令如下。

```
docker pull hello-world
```

运行效果如图 8-12 所示。

图 8-12　下载 hello-world 镜像

运行 hello-world 镜像，命令如下。

```
docker run hello-world
```

运行效果如图 8-13 所示。

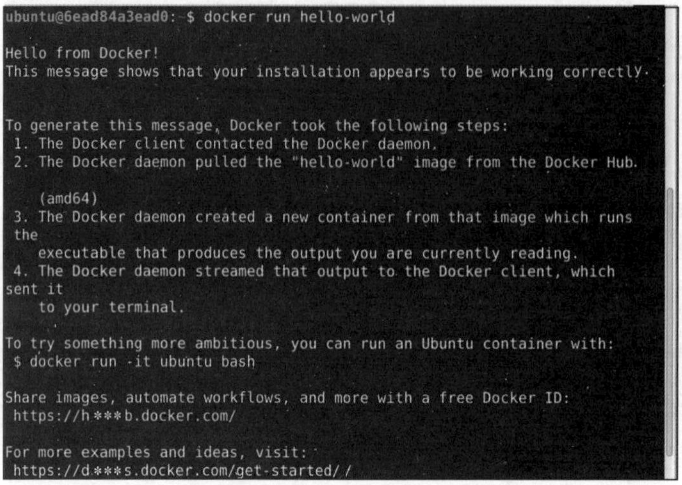

图 8-13　运行 hello-world 镜像

8.4.3　运行 2048 镜像

启动 Docker 服务后，下载 2048 镜像，命令如下。

```
docker pull alexwhen/docker-2048
```

运行效果如图 8-14 所示。

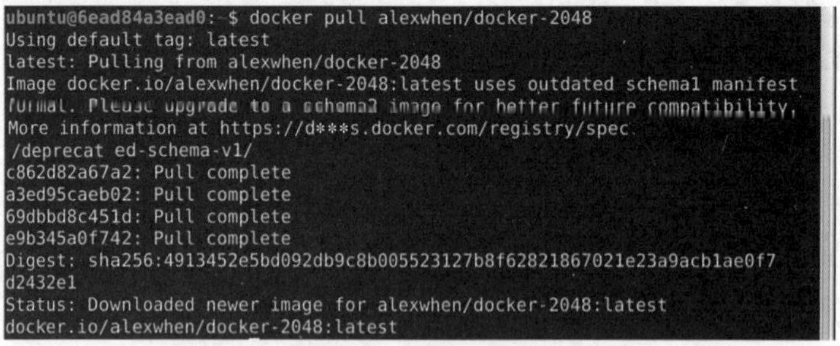

图 8-14　下载 2048 镜像

以后台模式运行 2048 镜像，命令如下。在该命令中，"-p 80:80" 表示将容器的 80 端口映射到宿主机的 80 端口，外部主机可以直接通过宿主机的 ip 地址:80 访问该服务；冒号前为宿主机的端口，冒号后为容器的端口。

```
docker run -d -p 80:80 alexwhen/docker-2048
```

运行效果如图 8-15 所示。

```
ubuntu@6ead84a3ead0:~$ docker run -d -p 80:80 alexwhen/docker-2048
13f646c0a6f69b9627de3c0b873a2ba71b9e9035fded21a30ce48982321f77a3
```

图 8-15　以后台模式运行 2048 镜像（端口 80）

如果此时提示 80 端口已在使用，那么可切换到未使用的端口，如切换到端口 81，命令如下。

```
docker run -d -p 81:80 alexwhen/docker-2048
```

运行效果如图 8-16 所示。

```
ubuntu@6ead84a3ead0:~$ docker run -d -p 81:80 alexwhen/docker-2048
999935253d5f06947c073b8f2e73946a8e9e916dbb10d594e3e63f783a90580d
```

图 8-16　以后台模式运行 2048 镜像（端口 81）

打开浏览器，访问 http://localhost:81（本地网址），其显示效果图 8-17 所示。

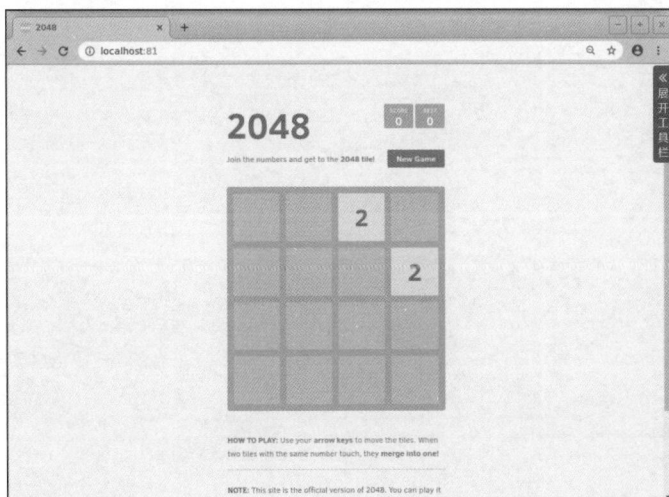

图 8-17　localhost:81 界面

8.5　习题

一、问答题

1．Docker 的常用命令有哪些？

2．Vim 有哪几种模式？

二、实践题

在 Docker 上安装一个游戏镜像，并使其可正常运行。